# 漢文で知る中国

## 名言が教える人生の知恵

加藤徹

NHK出版

# 目次

装丁・本文デザイン　bookwall
DTP　近藤桂一（デザイン・コンドウ）
校正　山谷悦子

# 漢文で知る中国

名言が教える人生の知恵

## まえがき

漢文は「個人」と「古人」をつなぐ雲のようなものです。

雲には、いろいろなイメージがあります。昔の和歌に詠まれた雲は、無常観をそそります。現代のネット社会の「クラウド」(cloud・雲)は、文明を感じさせます。

見し人の煙を雲と眺むれば夕べの空もむつましきかな

『源氏物語』の主人公の光源氏は、愛する女性を亡くして火葬で送ったあと、夕雲を見て、慕わしさを感じました。ひとすじの煙となって天に昇った彼女は、今、夕日に照り輝く雲になってあそこにいるのだな、と。この和歌は、作者の紫式部（生没年不詳。十世紀後半〜十一世紀前半）が夫を野辺送りした人生体験をふまえている、といわれます。

夕暮れはいづれの雲の名残とて花橘に風の吹くらむ

と詠んだのは藤原定家（一一六二―一二四一）です。夕暮れどき。橘の花に風が吹き、さわやかな香りが広がる。この風は、どこの誰かを火葬にした煙のなごりなのであろうか。

英語の詩 *Do not stand at my grave and weep*（私の墓に立って泣かないで）でも、亡き人は生きている私たちに“I am a thousand winds that blow”（私は吹きわたる千の風になりました）と語りかけます。この詩は日本語に訳され、二十一世紀初頭に「千の風になって」という夕イトルの歌として流行しました。

広い空に風や雲が流れてゆくように、人の世には今日もさまざまな言葉が飛び交っています。「こんにちは」「ただいま」「ありがとう」。どれも、私やあなたが創作した言葉ではない。昔、どこかの誰かが使い始めた言葉が、その人が亡くなったあとも紅塵《こうじん》（この漢語の意味は一八頁で紹介します）の世界でこだまのように響き、さまざまな人生をつむいできたのです。

漢文も言葉です。日本語の一部です。「ありがとう」などの日常語と違い、漢文の名言や成語は骨董品のように来歴がはっきりしています。一一八頁で取り上げる、

雪擁藍関馬不前　（雪は藍関を擁して馬前《すす》まず）

は、中国の文人政治家・韓愈《かんゆ》（七六八－八二四）が詠んだ漢詩の名句で、昔から日本でも人気でした。稲葉一鉄と織田信長の挿話（一二〇頁）を見ると、信長も韓愈のこの詩が好きだったこと、一鉄のように漢文を読める人は教養人として尊敬されたことがわかります。

現代でも、高校生などが学ぶ漢文の教材でこの詩句を見かけます。スキー場の一面の雪景色の写真をインターネットにアップして「雪擁藍関馬不前」という言葉を添えても、面白いかもしれません。

漢文を先人がどう読んだか、今を生きる私たちが漢文をどう使うかも、漢文の一部です。「遊戯三昧《ゆげざんまい》」という言葉で人生のスランプを乗り越えた杉山愛選手（六七頁）の挿話は、「雪擁藍関馬不前」と信長と同様、未来まで語り継がれるかもしれません。

漢文はネット社会のクラウドのようでもあります。

一昔前までは、パソコンもスマホも、それぞれの端末にデータやアプリ、ソフトを搭載しなければなりませんでした。しかし今は「クラウド」(cloud computing) の普及により、個々の端末に、重いソフトやデータを入れずに済みます。机のうえのパソコンでも、てのひらにのるスマホでも、自宅でも職場でも旅行先でも、インターネットにアクセスさえできれば、いつでもどこでも膨大な文書や写真、動画をアップロードしたり、ダウンロードできる。便利な時代になりました。

漢文は、いわばクラウドです。中国や日本を含め、過去、数千年におよぶ東洋の国と地域の英知を集めた、巨大なデータベースです。

日本に「名物にうまいものなし」ということわざがあります。「これがあの、有名な名物料理か。ん？　あれ？　あんまりおいしくないぞ」という経験は、誰でもあるでしょう。名物は、営業努力をしなくても知名度だけで売れる。ブランドにあぐらをかいた評判倒れのものも多い。そもそも名物が本当においしければ、世界中に広まって普通の食べ物になり、名物でなくなるはず。とはいえ、やっぱり一度は名物を食べてみないと、なんか悔しい。

そんな人生の哲理を、漢文では、

廬山煙雨浙江潮

と表現します。詳しくは一六五頁で解説します。「名物にうまいものなし」は日本語なので、日本語話者にしか通じません。「廬山煙雨浙江潮」は漢文なので、千年前の古人も、現代人も、そしておそらく千年後の未来人も、漢文が読める人はその含蓄を理解できます。

漢文の「端末」もさまざまです。太古の昔は木簡や竹簡。その後は紙の本。今はネットや電子書籍でも漢文を読めます。篆書・隷書・草書・行書・楷書と書体が変わっても、旧字体でも新字体でも、漢文の内容は変わりません。

仏教の禅僧は「廬山煙雨浙江潮」を禅語として法話を行い、茶道の茶人は「廬山煙雨浙江潮」と書いた掛け軸を茶室に掛け、学校の校長先生は修学旅行を前にした生徒の朝礼でこの漢文を引用したりします。生徒がネットのブログの旅行記で、この漢文を引用してもいい。

あなたも私も、それぞれ一度きりの人生を生きる個人であり、いわば「端末」です。漢文というツールを使うと、私たちのうえに広がる雲のような「古人」の世界と、いつでもつながれます。

本書をお読みくださり「これは面白い。今度、使ってみよう」と思う言葉を一つでも見つけてくだされば、著者としてこれほどうれしいことはございません。

本文中の傍線｜は中国語的な言葉であることを示す。ただし、文脈上、中国語であると明らかにわかる箇所については傍線は省略する。

# 1

# 世に残る名言

第一部では、昔の本に載っている名言や、歴史の節目で発せられた言葉を取り上げます。比較対照の意味で、中国語の文もいくつか取り上げます。
中国語と漢文は別物です。漢文は、古典中国語をベースに作られた人工言語です。

中国語………自然言語。音声だけでも会話や意思疎通が可能。母語話者が存在する。

漢文…………人工言語。漢字の読み書きと不可分な書記言語。母語話者は存在しない。

中国語は、日本語と同じ自然言語です。母語話者は、赤ちゃんのときから日常生活のなかで中国語を学び、自然に話せるようになります。魯迅《ろじん》の小説『阿Q正伝』の主人公は最下層の貧しい農民で、文字の読み書きが全くできませんが、

我先前——比你闊得多啦！（四五頁）

と中国語は完璧にしゃべれます。当たり前ですね。同じ意味内容を漢文で書くと、

我曽愈汝甚矣（我《われ》、曽《かつ》て汝《なんじ》に愈《まさ》れること甚《はなは》だし）

となります。阿Qの言葉とは、語彙も格調も全然違う。

中国語は生きた自然言語です。語彙や文法は日進月歩で変化する。流行語や方言、スラング、タメ口もある。

一方、漢文は古人の集積知にアクセスするための人工的な書記言語です。語彙も語法も歴史的一貫性を尊ぶ。知識人の言語なので、格調が高くなりがちです。孔子《こうし》も李白《りはく》も杜甫《とほ》も、ふだんの生活の会話は中国語でした。彼らの母語は、それぞれの時代の方言でした。知識人も、漢文は「座学」で勉強したのです。

漢文の本質は書記言語です。西洋の古典共通語であるラテン語とも違います。ラテン語は、英語などと同様、音声だけで意思疎通が可能です。古代ローマ人はラテン語で演説をしました。二十一世紀の今日でも、ラテン語によるネットラジオ放送が存在するほどです。

漢文は「読み書きに特化した言語」です。少ない文字数で、多くの内容を盛れます。その代わり、音声だけによる会話や演説は漢文では不可能です。漢字の読み書きを習えぬ貧しい人や、目の不自由な人にとって、漢文は敷居が高い言葉でした。

中国人は、今も昔も「ここぞ」という時は、漢文調の格調高い言葉でキメます。

第一部の言葉のうち、

這正是説了在我意中而未曽想到的話　（三〇頁）

中華人民共和国中央人民政府今天成立了！　（三八頁）

は中国語です。日本の能楽や歌舞伎にあたる古典演劇の言葉、

我這裏出帳外且散愁情！　（九八頁）

呀呀啐！　（一〇二頁）

は、漢文と中国語の中間に位置する芸術的言語です。阿Qも、漢文と中国語の中間である芝居の歌やセリフについては、意味をよく理解し、好んで口ずさみました。

中国語と漢文、口語と文語は別物ですが、水と油ではなく、虹の色のように連続しているのです。

# 聖と俗

# 携二‐帯シテ弟子ヲ一得シメヨレ入ルヲ二紅塵ニ一

**訳** **先生。私めをお連れくださり、浮世《うきよ》に入れてください。**

古典小説『紅楼夢《こうろうむ》』の冒頭のセリフ。主人公がまだ仙界の石だったころ、行きずりの僧に懇願した言葉。「弟子」は、相手を「師父」（師匠、先生）に見立て敬意を払った自称。「紅塵《こうじん》」（赤茶けた土ぼこり）は、人間関係がわずらわしい俗世間、浮世《うきよ》、娑婆《しゃば》（仏教用語）の意。書き下し文は「弟子を携帯して紅塵に入るを得しめよ」となる。

ことわざや標語は、普遍的だ。いつ、誰が口にしてもサマになる。名言は違う。「名言」にはドラマチックな個性がある。実在の人物であれ、架空のキャラクターであれ、名言や名セリフは、その言葉を吐いた彼ないし彼女の人生の一部だ。時代背景とか、名言を口にした人の胸に秘めた思い、人生のドラマを知らねばならない。

中国では『水滸伝《すいこでん》』、『三国演義《さんごくえんぎ》』、『西遊記《さいゆうき》』、『紅楼夢』の四つの古典長編小説を「四大名著」と呼ぶ。

『紅楼夢』の作者は十八世紀の不遇の文人・曹雪芹《そうせっきん》である。彼の家は名流だったが、政治的な理由で落ちぶれた。現行の『紅楼夢』全百二十回（昔の中国の小説の「回」は、章の意）のうち、曹雪芹は極貧生活の中で八十回まで書き、残り四十回は曹雪芹の死後、門人の高鶚《こうがく》が書き継いだとされる（書き直し説もある）。

『紅楼夢』は枠物語《わくものがたり》である。絵画を額縁という枠《わく》で囲むように、『紅楼夢』本編の物語も、ファンタジー小説風の前日譚《ぜんじつたん》の中にはめこまれている。

太古の昔、宇宙が傾き、空が割れた。神話時代の女神である女媧《じょか》は、岩ほどの大きさがある魔法の石を三万六千五百一個作り、それで空の割れ目を埋めた。石は一個だけ余った。その石は、世界の果ての山のふもとに捨て置かれた。なまじ魔法の石だったので、知恵がつき、わが身の孤独を嘆いた。

「木石《ぼくせき》」という漢語がある。人の心をもたぬもの、の意だ。しかし、天空の一部になりそこねたこの石は、木の人形ピノキオや、『オズの魔法使い』のブリキ男と同様、人の情にあこがれた。そこへ、僧と道士（道教の僧侶）の二人連れが通りかかった。正体は仙人らしい。石は懇願した。

　如蒙発一点慈心、携帯弟子得入紅塵、在那富貴場中、温柔郷裏受享幾年、自当永佩洪恩、万劫不忘也。

口語体で意訳すると「お慈悲でございます。私めを、どうか娑婆の浮世に連れて行ってください。セレブの生活とやらを、男女の愛の巣とやらを、何年かでも味わわせてください。御恩は未来永劫《えいごう》、忘れません」。文語体で直訳すると「如《も》し一点《いってん》の慈心《じしん》を発《はっ》するを蒙《こうむ》り、弟《で》子《し》を携帯《けいたい》して紅塵《こうじん》に入《い》るを得《え》せしめ、那《か》の富貴《ふうき》の場《ば》の中《なか》、温柔郷《おんじゅうきょう》の裏《うち》に在《あ》りて受享《じゅきょう》することと幾年《いくとせ》ならしめば、自《おのずか》ら当《まさ》に永《なが》く洪恩《こうおん》を佩《はい》すべく、万劫《ばんごう》、忘《わす》れざるなり」。

僧と道士は、石に説いた。浮世は有為転変《ういてんぺん》の無常に満ち「またたく間に喜びの頂点から悲しみが生まれ、人は死に、物は変わり、ついには全てが夢と消え、空《くう》に帰《き》す。行かぬほうがよかろう」。しかし石の気持ちは堅かった。

孤独な石は、魔法により美しい宝玉《ほうぎょく》に変えてもらい、人間界に転生し、賈宝玉《かほうぎょく》という名の貴公子になった。中国語では「賈」は「仮」（「うそ」「にせもの」の意）と同音である。彼は前世の記憶を失い、貴族の大邸宅「大観園《だいかんえん》」に住み、薄幸の美少女・林黛玉《りんたいぎょく》をはじめとする女性たちとの交情、優雅な生活、家の没落、孤独など、人生の酸いも甘いも体験し尽くす。

中国では『紅楼夢』は今も大人気である。映画や舞台劇、テレビドラマ、近年ではインターネットの恋愛ゲームにもなっている。日本では、四大名著の他の三作品ほど読まれていない。『紅楼夢』は、「もののあわれ」「みやび」「諸行無常」など、日本の『源氏物語』にも通ずる繊細さにあふれている。逆説的だが、それゆえ、わざわざ中国から輸入する必要がないのであろう。

『紅楼夢』冒頭の紅塵の話を読むと、歌人の大石順教尼（一八八八－一九六八）を思い出す。

彼女は満十七歳のとき、錯乱した養父に日本刀で両腕を切断された。障がい者が今より生きにくい時代だった。「尼にしてください」と高僧の藤村《ふじむら》叡運《えいうん》に頼むと、叡運は「まず人の妻、人の母になってからだ」と諭した。その後、彼女は画家と結婚。子も生まれたが、夫に浮気され離婚。生活のため、筆を口にくわえて書画を描き、女手一つで子を育て、関東大震災の修羅場も経験。紅塵の悲しみも喜びも経験し、四十五歳で出家。有徳の尼僧となり、人々に慕われた。

　もし彼女が紅塵から逃げて若いうちに仏門に入っていたら、形だけの尼で終わっていたかもしれない。紅塵は、つらい「憂き世」も、浮かれ楽しむ「浮き世」も、別の大きな世界とつながっている。

# 好雪片片、不レ落チ二別処ニ一

訳

**いい雪だ。ひとひらひとひら、それぞれ決まったところに落ちてゆく。**

掛け軸や色紙《しきし》でもよく見かける、有名な禅語《ぜんご》。訓読すると「好雪片片《こうせつへんぺん》、別処《べつしょ》に落《お》ちず」となる。空から白い雪が降る。雪は一見、でたらめに、ばらばらに落ちているように見える。でも実は、それぞれの雪は、落ち着く先が決まっていて、他の場所には落ちない。人生も、この世のありかたもみな同じだ、という意味。

しんしんと降る雪を見ていると、センチメンタルな気持ちになる。

降る雪や明治は遠くなりにけり

俳人の中村草田男（一九〇一－一九八三）が、昭和六年（一九三一）、母校である東京市青《せい》南《なん》尋常小学校（現在の東京都港区立青南小学校）を、二十年ぶりに訪問して詠んだときの俳句だ。

筆者は昭和三十八年（一九六三）の生まれだ。令和の雪を見ると「昭和は遠くなりにけり」と思う。また「好雪片片、不落別処」という言葉も思い出す。

中国の唐の時代、龐蘊《ほううん》という居士《こじ》がいた。呉音読みで「ぼううん」とも読む。居士とは在家《ざいけ》、すなわち世俗の生活を送りつつ仏教に帰依《きえ》した男性を指す。

龐居士《ほうこじ》は禅を学び、僧侶とも禅問答を行った。彼の禅語の数々は、いろいろな書物に記録され、今も読み継がれている。

一一二五年に成立した中国の仏教書『碧巌録《へきがんろく》』は、日本で最も広く読まれた禅書の一つである。「好雪片片、不落別処」の禅問答は、この本の「第四十二則」に載っている。

冬のある日。龐居士は、禅の高僧・薬山惟儼《やくさんいげん》（七四五－八二八）の寺をたずね、歓談ののちに辞去した。薬山は十人の禅客《ぜんかく》（禅問答の相手をする修行僧）に命じ、寺の門まで見送らせた。龐居士は空中の雪を指して言った。

「好雪片片、別処に落ちず」

その場にいた禅客が質問した。

「什麼《いずれ》の処《ところ》にか落在《らくざい》する」（どこに落ちるのですか。原文「落在什麼処？」）

龐居士は、彼をピシャリと平手打ちにした。禅客が、

「居士《こじ》、也《ま》た草々《そうそう》なることを得《え》ざれ」（居士どの、ご無体はおやめください。原文「居士也不得草草！」）

＊傍線は中国語的な表現であることを示す（以下同様）

と抗議すると、龐居士は叱った。
「汝《なんじ》、恁麼《いんも》に禅客《ぜんかく》と称《しょう》す。閻老子《えんろうし》、未《いま》だ汝《なんじ》を放《はな》さざること在《あ》らん」（おまえは、そんなざまで禅客を名乗るとは。図々《ずうずう》しい。地獄の閻魔《えんま》さんは、おまえを許してはくれまい。原文「汝恁麼称禅客、閻老子未放汝在。」）

問答はさらに続くが、以下は割愛する。

暴力は良くないが、禅では、師が弟子を導くために「棒喝《ぼうかつ》」すなわち棒で体を打ったり、大声で一喝することもある。すべては悟りのためだ。

禅問答の文体は独特だ。漢文と中国語の中間である。原文の「汝恁麼称禅客」は、もし純粋な漢文なら「汝如此称禅客」（汝、此《かく》の如《ごと》くにして禅客と称す）と書くべきだ。現代中国語なら「你這個様子也配称為禅客？」（おまえは、そんなていたらくで、禅客だと言えるのか？）などと言う。

日本でも伝統的な禅問答は、原書の文体の特徴を生かして「汝、恁麼に禅客と称す」のように、昔の中国語と漢文訓読を混ぜた独特の直訳体で行う。禅を愛した夏目漱石は、小説『草枕』で、ときどき禅問答的な風変わりな言い回しを使った。私が子供のころに見ていた昭和のテレビアニメ『一休さん』でも、「作麼生《そもさん》」とか「説破《せっぱ》」とか、禅問答特有の中国語由来の言葉が出てきた。

冬空からしんしんと降ってくる雪の花びらを見ていると、なるほど「好雪片片、別処に落ちず」だと思う。雪が落ちゆく先は、それぞれ違う。大地につもる雪。川面に落ちてすぐ溶ける雪。列車の屋根に落ちて旅に出る雪。それぞれの行方はバラバラだが、全体で見ると、雪はまんべんなく広がり、一面の美しい雪景色になる。それぞれの雪はどこに行くか、なんて野暮《やぼ》な予測は必要ない。落ち着くべきところに落ち着く。それが自然の摂理だ。

人生は、無数の行為の積み重ねだ。雪に似ているかもしれない。

私が小学生だったころ、自分が将来、中国語の教員になるとは夢にも思っていなかった。でも、人や本や、いろいろな出会いがあり、気づいてみると、今の自分がある。あの時ああすればよかったかも、もっと別の道もあったかも、と思うこともある。無駄なこと、余計なことも、ずいぶんしてきた。でも、それも含めて全部が自分の人生だ。

「今、こんなことをしてて、将来、役に立つのか」と焦る必要はないのかもしれない。日常の無数の行為も、その積み重ねである自分自身も、いつかすべて落ち着くべきところに落ち着くのだから。

# 回家見仏

## 訳　家に帰って仏に会う。

仏陀《ぶっだ》は、どこか遠い特別な世界にいるわけではない。実は、あなたの身近にいる。ただ、あなたはまだ身近にいる仏陀に気づいていないだけだ。ウソだと思うなら、家に帰るといい。きっと仏陀に会えるから、という意味。十五世紀の明《みん》の時代の話に基づく言葉。書き下し文は「家《いえ》に回《かえ》りて仏《ほとけ》に見《まみ》ゆ」となる。

日本人は正月を新暦で祝う。日本以外の東アジアでは、中国人も含めて、今も旧暦の旧正月を祝う。旧正月を中国人は「春節」と呼ぶ。

春節は、旧暦では毎年一月一日だが、新暦で何月何日になるかは毎年変わる。中国人も、春節の日付が毎年変わるのは、めんどくさいと思う。それでも旧暦でお正月を祝う理由は、先祖伝来の伝統を重んじるからだ。

春節は、中国人にとって一年で最も大切な祝祭日だ。春節の前後の連休を、実家に戻って家族とともに過ごしたがる中国人は多い。毎年この時期には猛烈な帰省ラッシュが起きる。これを「春運」と言う。

近年は、家族と一緒に春節の休暇を海外旅行しながら過ごす豊かな中国人も増えた。日本でも春節の時期は中国人旅行客が増える。春節の前後は、「全家福」すなわち家族全員で一家団らんを楽しむ幸せな集合写真を撮影する中国人も多い。

「回家見仏」は、中国人の家族観を表す言葉だ。

明《みん》の時代の話。雲南省の太和県に、楊黼《ようほ》という人がいた。彼は熱心な仏教信者だった。仏教の教えを学ぶため、親と別れて旅に出て、はるばる蜀《しょく》（現在の四川省）の地に入った。当時、蜀では無際《むさい》（一三八五－一四四六）という高僧が各地の寺を遊歴し、仏法を説いていた。楊黼は旅の途中で、一人の見知らぬ老僧に出会った。「どこへ行くのかね？」と老僧から聞かれた楊黼は「無際さまをお訪ねしに行くのです」と答えた。老僧は「無際に会うより、仏陀にお会いするほうがよいぞ」と言った。

無際は高僧だが、生身の人間だ。もし本物の仏様に会えるのなら、もちろんそのほうがいい。楊黼が「仏陀は、どこにいらっしゃるのですか」と聞くと、老僧は謎めいた予言を述べた。

汝但帰、見披衾倒屣者、即是也。

漢文訓読で読み下すと「汝《なんじ》、但《た》だ帰《かえ》れ。衾《きん》を披《き》て屣《はきもの》を倒《さかしま》にする者《もの》を見《み》ん。即《すなわ》ち是《こ》れなり」。

意味は「まあ、家に帰りなさい。身にふとんをまとい、足に履き物を逆さにはいている人に会うだろう。そのおかたこそ仏様だ」。

「倒屣《とうし》」は客を熱烈に歓迎する意の熟語で、歴史書『三国志』の故事に基づく。後漢の大学者・蔡邕《さいよう》（一三二／一三三－一九二）は、天才少年の王粲《おうさん》（一七七－二一七）に目を掛けていた。王粲が蔡邕の屋敷を来訪したとき、取り次ぎ役からそれを聞いた蔡邕は喜びのあまり、履き物を反対に履いて外に飛び出して出迎えた、という。

楊黼は怪訝《けげん》に思った。自分の家に蔡邕のような大学者はいない。自分も王粲のような天才ではない。また「ふとんを着て客を迎える」なんて話は聞いたことがない。が、老僧の不思議な言葉は、ひょっとすると何かの仏縁かもしれない。

結局、楊黼は旅を中止した。家に戻り、門を叩いたときは、もう夜だった。

楊黼の母親は部屋のなかで寝ていた。突然、息子が門を叩いて「ただいま」と言う声を聞いてびっくりし、うれしさのあまり、シャツや靴下を身につける余裕もなく、身にふとんをまとい、足に履き物を逆さに履いて、パッと飛び出してきた。母の笑顔を見た楊黼は、ハッと悟った。以来、楊黼は力を尽くして親孝行につとめた。八十歳で、偈《げ》をとなえながら亡くなった。

この話の出典は、清《しん》の康熙《こうき》年間（一六六二－一七七二）の書物『徳育古鑑《とくいくこかん》』（当初の書名は『感応類鈔《かんのうるいしょう》』）である。現代の中国ではこの話を紹介するとき、「回家見仏」のほか、「楊黼見仏」（楊黼が仏に会う）、「仏在家中」（仏は家の中にいる）、「母是活仏」（母は生き仏）、「父母是家中的活仏」（親は家の中の生き仏）など、さまざまな言い方を使う。楊黼は歴史に実在した民間の学者で、歴史書『明《みん》史《し》』列伝第一百八十六・隠逸に簡素な伝記を載せる。

メーテルリンクの童話劇『青い鳥』でも、幸せの「青い鳥」を求めて旅に出た兄妹は、意外な場所で青い鳥を見つける。

青い鳥は案外、身近にいるのかもしれない。ひょっとすると自分を通して誰かが仏を実感する瞬間があるかもしれない。人生は面白い。

# 這正是説了在我意中而未曽想到的話

## 訳　これはまさに、わが意中にあって未だ思い及ばざることを言っている。

近代の作家・魯迅《ろじん》の言葉。魯迅は中国人だが、中国の芝居の打楽器はとてもうるさい、と思っていた。あるとき魯迅は、日本人が書いた中国の芝居の本の一節を読み、目から鱗が落ちた。しろうとや外国人のほうが、余計な先入観を持たないぶん、かえって、目から鱗の指摘をなすことができる、という例。

「岡目《おかめ》八目《はちもく》」とか「他人の正目《まさめ》」という日本語がある。第三者のしろうとのほうが、当事者や専門家よりもかえって物事の本質をよく見通す、という意味だ。

江戸時代の浮世絵は、庶民も買える安価な木版画だった。浮世絵の芸術的価値を発見したのは、ヨーロッパ人だった。ゴッホやモネ、マネ、ドガ、ルノワール、ゴーギャンなどの画家はもちろん、作曲家のドビュッシーや映画監督のエイゼンシュテインなど、さまざまなジャンルの芸術家が浮世絵にインスパイアされ、新しい芸術作品を作った。

京劇も、今でこそ舞台芸術として世界的に評価されているが、昔は違った。二十世紀初めの中国の知識人は、京劇を中国の恥として嫌った。曰《いわ》く、女の役も男が演じるのは不自然だ。曰く、京劇の舞台装置は簡素で原始的だ。曰く、打楽器がうるさい。曰く、芝居の内容がワンパターン。西洋のオペラは上品で重厚だが、京劇は下品で貧弱だ。……

京劇の名優・梅蘭芳《メイランファン》（一八九四－一九六一）は、一九一九年の来日公演の成功を皮切りに、アメリカやソ連でも公演を成功させ、外国人から高く評価された。中国人自身が恥だと考えた京劇の特徴は、外国では、世界の演劇芸術の原点として高く評価された。中国人よりも、しろうとである外国の観客のほうが、先入観も偏見もないぶん、京劇を客観的に見ることができた。

京都大学教授の濱田耕作《はまだこうさく》（一八八一－一九三八）は、著名な考古学者だが、芝居はしろうとだった。彼も一九一九年の梅蘭芳の来日公演を見て、『品梅記《ひんばいき》』という本の中で感想を述べた。濱田は、中国の芝居は「素人には一寸《ちょっと》不可解の騒々しいもので、衛生に害のあるものであると同時に、之を野外野天で興行すると、其の騒しさも薄らいで、丁度よい加減のものとなり、其の音楽と支那の景物と調和して中々捨て難いものがあり（中略）名優が演ずる時は、明日も明後日も行つて見《み》度《た》いと思ふ位に、感動を与へるものであると云ふことが決論せられる。実際あの銅鑼胡弓《どらこきゅう》の騒しい音楽は屋根被《おお》ひも無い劇場の観客席から聴く可《べ》きものであるに違いない」云々《うんぬん》と書いている。

近代中国の文豪・魯迅（一八八一－一九三六）は、日本への留学経験もあり、日本語の読み書きができた。魯迅は、小説集『吶喊《とっかん》』に収録した自伝的短編『社戯《しゃぎ》』（邦訳題は「宮芝居《みやしばい》」など）の中で、こう述べている。

　但是前幾天、我忽在無意之中看到一本日本文的書、可惜忘記了書名和著者、総之是関於中国戯的。其中有一篇、大意彷彿説、中国戯是大敲、大叫、大跳、使看客頭昏脳眩、很不適於劇場、但若在野外散漫的所在、遠遠的看起来、也自有他的風致。我当時覚着這正是説了在我意中而未曽想到的話、因為我確記得在野外看過很好的戯、（以下略）

　大意は——数日前、私（魯迅）は偶然、日本語の本を読んだ。書名と著者名は忘れたが、中国の芝居の本だった。その中の一篇に、こんな感じのことが書いてあった。中国の芝居はむやみにガンガンと叩き、叫び、とびはねるので、観客は頭がクラクラする。劇場でやるにはむいていない。が、もし、野外の広いところで遠くから見たら、味わい深いものがある、と。これはまさに、私が心の中で漠然と感じながらはっきり思いつかなかったことを言い当ててくれた言葉だ、と思った。というのも、たしかに私も子供のころ、野外ですばらしい芝居を見たことがあるのだ。（以下略）

　京劇の歴史を見ると、日本の影響が大きいことに驚く。作家の芥川龍之介（一八九二－一九二七）も、中国人すら気づかなかった京劇作品の「哲学性」を発見し（『侏儒の言葉』）、中国の学者・胡適《こせき》（一八九一－一九六二）と会見したとき京劇改良のアドバイスをした（『胡適日記』民国十年六月二十七日の条）。

浮世絵も京劇も、外国での高評価が本国に逆輸入された。

日本人が中国人から、中国人が日本人から、それぞれ自分が気づかなかった自分のことを指摘してもらう「他人の正目」は、日常生活でもよくある。

「部外者の言うことなんか」とか「しろうとのくせに」等と言わず、他者の言葉にも謙虚に耳を傾けると、発見やヒントを拾えるかもしれない。

# 秋風秋雨愁‐殺ス二人ヲ一

## 訳 秋風と秋雨が、人をひどく悲しませる。

漢文訓読で読み下すと「秋風《しゅうふう》、秋雨《しゅうう》、人《ひと》を愁殺《しゅうさつ》す」。「殺」の俗字「煞《さつ》」を使い「愁煞」とも書く。出典は、清《しん》後期の詩人・陶宗亮《とうそうりょう》（一七六三－一八五五）が、老年の思いをユーモアとペーソスをこめて詠んだ漢詩「秋暮遺懐《しゅうぼけんかい》」の中の一句「秋雨、秋風、人を愁殺す」。今日の中国では、清末の女性革命家・秋瑾《しゅうきん》（一八七五－一九〇七）が処刑される前に書き残した言葉として知られる。

秋の心と書くと「愁」になる。古来、秋の雨を感傷的に詠んだ名句は多い。

九月・十月は秋雨、すなわち「秋の長雨」の季節である。中国大陸には、日本のような秋の長雨はない。とはいえ、中国でも日本に近い沿海部では、日本ほどではないにせよ、秋雨が降る。

清の時代の後期、海に近い太倉《たいそう》（現在の江蘇省蘇州市の一部）の詩人だった陶宗亮は、晩年、人生を回顧して「秋暮遺懐」（秋暮《しゅうぼ》、懐《おも》いを遣《や》る）という漢詩を詠んだ。秋の夕暮れの寂しさは、人生の晩年の哀感と重なる。「懐いを遣る」は、胸のうちにつかえた思いを気晴らしする意。

「秋暮遺懐」は全十四句の七言古詩である。紙数の都合上、大意だけを紹介すると——思い返せば、私の人生は、天地をただよう浮き草だった。名利を求めてあくせくするうちに、ふと気がつけば、晩秋の雑草のようにボロボロに。いや、雑草ならまだいい。春になれば、また若草として芽吹けるのだから。でも、この老人顔を若者顔に戻すのは、無理だろう。せめて、いにしえの陶淵明《とうえんめい》をまねて、菊の花を愛で酒を飲み詩を作ろう。あ、でも、菊はまだ咲いてない。秋雨と秋風は、人をひどく悲しませる（「秋雨秋風愁殺人」）。寒々とした夜、寝つけずに一人すわっていると、胸がつぶれそうだ。若いころは大志を抱いて天下を渡り歩いたが、あっという間に白髪頭。残り少ない人生。せめて、野たれ死にするまで酒にひたって漢詩三昧の日々を送れたら、いいな。……

陶宗亮が生まれたのは一七六三年。乾隆帝の治世の中期で、清の最盛期だった。が、その後、清は下り坂になる。一八四〇年、アヘン戦争が勃発。一八五一年、太平天国《たいへいてんごく》の乱が勃発。

「秋雨秋風愁殺人」の哀感の裏には、彼の人生の「思秋期」と、老年期の彼がまのあたりにした清朝の凋落《ちょうらく》も重なっている。

「愁殺人」は「愁殺我」と同じ意味。「人」は、中国語や日本語で、一人称を婉曲かつ上品に言い換えるときに使う。日本語の「人の気も知らないで」とか「人の身にもなってみろ」も、実際は「私の気持ちなんて、わかってないくせに」とか「俺の身になって考えてみろ」の意。

陶宗亮は一八五五年、九十二歳で死去した。二十年後の一八七五年、女性革命家の秋瑾が生まれた。

一八九四年、日清戦争が勃発。一九〇〇年、義和団《ぎわだん》の乱。清は、外国との戦争に敗北を重ねた。心ある人々は、日本の明治維新のように、旧体制を打倒して近代的な国を作らねば、中国は滅びる、と憂えた。

秋瑾も、彼女より六歳年下で後に作家となる魯迅（一八八一－一九三六）も、志ある若者は日本に留学し、革命運動に奔走した。秋瑾が日本留学中に撮影した和服姿の写真は、有名だ。抜き身の日本刀を手に、敵と刺し違える覚悟を示す。彼女は、清国の婦人服である旗袍《チーパオ》（チャイナドレス）を嫌った。旗袍は旗人すなわち清の支配民族の伝統服だ。漢民族の革命家の目には、むしろ日本の和服のほうが「漢服」に近かった。

秋瑾は日本から帰国したあとも、命がけで革命運動にまい進した。

清朝最末期の中国では、各地で革命家が蜂起した。が、そのたびに清の軍隊によって鎮圧された。当局の捜査の手は、秋瑾にも及んだ。取り調べで「あらいざらい吐け」と迫られた彼女は、紙に「秋風秋雨愁殺人」とだけ書き、自供を拒否した。風と雨の順が入れ替わっているが、陶宗亮の詩句だ。清末の寒々とした時代を風刺したのだ。

当局は、秋瑾を斬首の刑に処した。

四年後の一九一一年、辛亥《しんがい》革命が成功。清は瓦解し、一九一二年に中華民国が誕生した。

秋瑾の短い生涯は、映画や小説にもなった。昭和の小説家・武田泰淳《たけだたいじゅん》（一九一二－

一九七六）も『秋風秋雨人を愁殺す　秋瑾女士伝』という評伝を書いている。

さて、私は今、夜中にこの原稿を書いている。窓の外では雨が降り、風が吹いている。

陶宗亮が詠んだように、個人は若返れない。が、草っ原も、国や社会も、若返りが可能だ。冷たい雨と風が吹き、草が枯れてこそ、また次の春がめぐってくる――四方に降りこめる雨音を聞きながらそんな感傷にひたる年齢に、私はなってしまったようだ。

# 中華人民共和国中央人民政府今天成立了！

## 訳　中華人民共和国中央人民政府は本日成立しました！

一九四九年十月一日、北京で行われた中華人民共和国の建国式典「開国大典」で、毛沢東（一八九三－一九七六）が天安門の上でマイクを通じて宣言した言葉。かなりなまっている。現代の中国人も、テレビやインターネットの動画で、毛沢東のこの言葉をよく耳にする。

中国の建国記念日は十月一日の国慶節《こっけいせつ》である。この日の前後一週間は大型連休となる。日本に来る観光客も毎年、増える。

一九四九年十月一日。北京の天安門前広場で、午後三時から夜九時まで、開国大典が盛大に行われた。新中国の要人たちは天安門の上に立った。毛沢東はマイクの前で、大きな声で、ゆっくり間をあけながら宣言した。

「同胞們！　中華、人民共和国、中央人民政府、今天、成立了！」

「同胞」は「はらから」の意。同じ母親のおなかから生まれた兄弟姉妹、転じて同じ国民どうし、同じ民族どうしを指す。毛沢東が「同志たちよ」と呼びかけなかった理由は、当時は新中国が成立したばかりで、社会主義の「志」を理解していない人民が多かったためである。

わざわざ「中央人民政府」と言った理由は、中国共産党はそれ以前にも国を作ったことがあるからである。一九三一年十一月七日、中国共産党は、江西省にある地方都市・瑞金《ずいきん》を首都とする「中華ソビエト共和国」（「中華蘇維埃共和国」）の建国を宣言した。「ソビエト」はロシア語で「評議会」の意である。その後、中華ソビエト共和国は、一九三四年からの「長征」にともない解体した。

さて、「開国大典」の記録映画には、毛沢東の宣言や演説も収録されている。彼は湖南省の農村の出身で、なまりが強かった。若いころ、北京大学の図書館で働いたこともあるのだが、北京語は苦手だった。

毛沢東に限らず、中華人民共和国の歴代の「最高指導者」、「最高領導人」は、程度の差はあれ、みんななまっていた。二〇一二年、なまりのない「普通話」を話せる習近平氏が第五代最高指導者の座につくまでは、そうだった。一昔前まで、日本人が中国語を話すと、中国人から「あなたの中国語は、中国共産党の高級幹部のようですね」と言われることがあった。なまってますよ、という婉曲な指摘である。

毛沢東の建国宣言の記録映像は白黒である。これには事情がある。

当時、カラーフィルムはまだ高価だった。中国と友好関係にあったソ連の第二代最高指導者、ヨシフ・スターリンは、開国大典をカラー映像で記録するため、北京に撮影チームを派遣した。彼らは式典のあいだも要人の間近を歩き回り、自由に撮影した。毛沢東の宣言、国旗の初掲揚、演説、閲兵、行進など、決定的瞬間をカラーフィルムに収めた。数日後、撮影チームの滞在先の部屋で火事が起きた。火元はフィルムだった。当時のフィルムは、ベース素材に燃えやすいセルロイドを使っていた。常温でもしばしば自然発火した。日本でも、一九八四年に東京国立近代美術館フィルムセンターで、収蔵していた昔の映画フィルムが自然発火して火災が起きたことがある。こういうわけで、中国の撮影技師が白黒フィルムで撮影した映像しか残らなかった。今では、この白黒映像を現代のデジタル技術でカラー化したものを見ることができる。

記録映画だけでなく、記念の絵画作品も大変だった。

中国国家博物館には《開国大典》という有名な油絵が収蔵されている。縦二・三メートル、横四メートルの大作だ。絵の中央に演説を読み上げる毛沢東を描き、むかって左半分には立ちならぶ要人たちを、右半分には天安門から見える広場と大空を描く。建物の赤と青空の色彩の対比があざやかだ。画家の董希文《とうきぶん》（一九一四－一九七三）が一九五三年に完成した。

油絵は静止画だが、中国の政治の激変のせいで、動画じみた改変を余儀なくされた。一九五四年、描かれていた要人の一人である政治家の高崗《こうこう》が、権力闘争に敗れて自殺した。油絵は修正され、最初から高崗はそこにいなかったように直された。文化大革命が始まると、国家主席の劉少奇《りゅうしょうき》が失脚した。油絵は再び修正され、劉少奇はいなかったことにされた。油絵でよかった。水彩画なら、重ね塗りや修正は難しい。その後も、政治家の姿が消されたり、名誉回復によって復元されたりした。

中国では毎年十月一日の前後に、テレビやネットで「開国大典」の毛沢東の映像や油絵を見る機会も増える。建国以来、中国は変わった面もあれば、変わらなかった面もある。建国百年後は、どうなっているだろうか。私もあなたも、がんばって、いっしょに見届けましょう。

# 道高《キコト》一尺《ナレバ》、魔高《キコト》一丈《ナリ》

## 訳 やっと事態が進展したと思ったら、すぐまた大きな困難が待ち受けている。

仏道修行は難しい。「道、高きこと一尺なれば、魔、高きこと一丈なり」。悟りを求める修行者が苦しみながらやっと一尺の高みにのぼると、修行を妨げる邪悪な「魔」は一尺の十倍の一丈ほどの高さで立ち現れる。普通の人の人生も同様だ。ちょっと成功を収めても、すぐに邪魔者が現れて前に立ちはだかったり、直後に大きなトラブルが起きたりするのが世の常だ、という意味。

言葉は生き物だ。長く使われているうちに、意味が変わってしまうことも多い。

例えば「邪魔」という言葉も、現代日本語では「お邪魔します」のように軽い意味だが、本来は仏教用語で、「仏道修行者の前に立ち現れ、悟りを妨げようとする邪悪な魔物」という恐ろしい意味だった。仏教では、釈尊が菩提樹《ぼだいじゅ》の前で悟りを開く直前、次々と「魔」が現れたと伝えられる。キリスト教の『聖書』にも、イエスが洗礼を受けたあと、悪魔から四十日間にわたって「荒れ野の誘惑」を受けたと書いてある。「魔」は二十一世紀の今日も遍在している。われわれが勉強やダイエットに取り組むと、心の中に「明日からしよう。きょうは遊びに行こう」など、悪魔のささやきが聞こえたりする。

さて、「道高一尺、魔高一丈」という言葉の起源は不明だが、明の時代にはことわざとして広まっていた。十六世紀の古典小説『西遊記』第五十回で、作者の呉承恩《ごしょうおん》（一五〇〇頃－一五八二）は、孫悟空が妖怪「独角兕大王《どっかくじだいおう》」を相手に苦戦する様子を描写し、「道高一尺魔高一丈」云々《うんぬん》と述べている。

たしかに「魔」は手ごわい。だが、人の気持ちとしては、「正義は必ず勝つ」という結末のほうが望ましい。いつしか、道と魔の強弱を逆転した「魔高一尺、道高一丈」（魔が一尺高くなると、道は一丈高くなる。最後は正義が勝つ）という言い方も生まれ、広まった。そのため、両者を混同して、「最後は正義が勝つ」と言うつもりで「道高一尺、魔高一丈」と言ってしまう中国人もいる。

有名な現代京劇『紅灯記《こうとうき》』（赤いランプの物語）のセリフでも、混乱が見られた。日中戦争の時代、日本の軍人・鳩山（悪役）が、中国共産党員・李玉和と会話する場面で、鳩山は「苦海無辺、回頭是岸」（この世ははてしない苦しみの海のようだが、改心して頭を後ろにめぐらせば陸地が見つかり、苦しみから救われる）という中国仏教の言葉を引用し、暗に日本軍に寝返るようほのめかす。李玉和は「私は仏教信者ではないが、こんな言葉を聞いたことがある。〝魔高一尺、道高一丈〟。まったくそのとおりだ」と反論する。中国人なら誰でも知っている名場面だ。

「文化大革命」期、当時の中国の首脳陣は現代京劇『紅灯記』を革命模範劇として重視し、直接、脚本の字句の改編にかかわった。毛沢東の夫人だった江青《こうせい》（一九一四―一九九一）は「〝魔高一尺、道高一丈〟というセリフは、力がない」と批判した。総理だった周恩来《しゅうおんらい》（一八九八―一九七六）は「みんな間違っています。そもそも正しい言い方は〝道高一尺、魔高一丈〟ですよ」と指摘した。その後、紆余曲折があったが、結局、李玉和のこのセリフは周恩来の指摘どおり「道高一尺、魔高一丈」に直された。ただ、これでは言葉としては正しくても、前後の意味が通らない。「〝道〟は保守反動勢力を指し、〝魔〟は彼らを滅ぼす共産党など革新勢力を指す」と解釈する人もいるが、苦しいこじつけだ。

二十一世紀の今日でも『紅灯記』は上演されるが、劇団によって周恩来の修正案どおり「道高一尺、魔高一丈」と言ったり、元のまま「魔高一尺、道高一丈」と言ったり、いまだ混乱は続いている。

日本でもこんな例がある。一九九〇年から、テレビドラマ『渡る世間は鬼ばかり』が放送され、人気を得た。このタイトルは「渡る世間に鬼はなし」ということわざをもじって、わざと逆に言ったものだ。が、若い人や外国人留学生で、てっきり「渡る世間は鬼ばかり」を古くからあることわざだと勘違いする人もいた。

渡る世間に鬼はいるのか、いないのか。最後に勝つのは魔か、道か。魔や鬼に関することわざで逆転や混乱が起きやすい理由は、日本人も中国人も、人生の不可解さで苦労しているからかもしれない。

# 我先前——比你闊得多啦！

**訳　俺は昔は——おまえよりずっと金持ちだったんだぞ！**

魯迅《ろじん》の小説『阿Ｑ正伝』の主人公・阿Ｑがケンカをするとき、相手に向かって言うセリフ。阿Ｑは、その日ぐらしのルンペン農民で、地位も財産もない。劣等感の裏返しで、このようなでまかせを相手に言い、自分を慰める。阿Ｑというキャラクターは、中国では反面教師とされる。

近代中国の作家・魯迅（一八八一－一九三六）は日本でも人気がある。日本の中学校の国語の教科書で、彼が書いた短編『故郷』を読んだことがある人も多いだろう。

魯迅は、清（一六四四－一九一二）の時代の末に生まれた。清は、最盛期は世界一の大国だった。一八〇〇年当時、世界人口は推定約十億人だったが、清は人口もＧＤＰも全世界の三分の一を占めていた。しかし、欧米諸国が産業革命で急成長する一方、清の社会経済は停滞した。魯迅が生まれる前、

アヘン戦争一八四〇年－一八四二年

アロー戦争一八五六年－一八六〇年

で、清は西洋の軍隊と戦って敗北した。魯迅が生まれたあとも、

清仏戦争　一八八四年－一八八五年
日清戦争　一八九四年－一八九五年
義和団の乱　一九〇〇年

と外国軍に負け続けた。

中国人は、戦争に負けるたびに、以下のように考えてみずからを慰めた。

「中国は、昔は世界一、豊かな国だった。羅針盤も火薬も紙も印刷技術も、みな中国人が発明した。わが国から見れば、外国なんて、生徒や子どもみたいなものだ。なのに、生徒が先生を殴り、子どもが親に暴力をふるうとは。世も末だ」

清も、それなりに近代化につとめた。一九〇二年、魯迅は国費留学生として日本に留学し、一九〇四年から仙台の医学専門学校（現在の東北大学医学部の前身）で学んだ。学校では、スライド映写機で日露戦争（一九〇四－一九〇五）のニュース画像を見せた。ロシア軍のためにスパイ活動をした中国人が、日本軍につかまり、銃殺される画像があった。同胞の処刑をのんきに見物する中国の群衆の姿も、映っていた。魯迅はショックを受けた。その経緯は、彼の自伝的短編『藤野先生』に詳しい。

中国の近代化のためには、まず中国人の心を治さねばならぬ。そう考えた魯迅は、医者の道を捨て、作家になった。

清朝は一九一二年に滅亡し、中華民国が成立した。政権は変わったが、中国人の生活や精神は急には変わらない。

魯迅は一九二一年十二月から小説『阿Q正伝』の連載を始めた。あらすじは――清の末、辛亥革命の直前のころ。田舎の小さな町に「阿Q」（「Qちゃん」の意）という男がいた。彼は社会の最下層の労働者で、文字の読み書きもできない。彼の個人名の発音は中国語で〝gui〟だが、漢字で書くと「貴」なのか「桂」なのか、本人も周囲も知らない。作者はしかたなく、仮にQの字をあてる（これは魯迅が作中で語る表向きの理由で、本当は、旧時代の象徴である辮髪《べんぱつ》を垂らした主人公の後頭部をQの字形になぞらえるユーモア）。

阿Qは、他人と口論すると、目をむいて、

「我先前――比你闊得多啦！　你算是什麼東西！」

と言う。「闊」は「金持ち」「豪勢である」の意の形容詞。「算」は「数のうちに入れる」「認める」。「什麼東西」は「どんなもの」。「你算是什麼東西！」は「てめえ、何様のつもりだ」の意。阿Qは弱かった。村の閑人《ひまじん》たちからからかわれ、いじめられ、殴られた。彼は負けるたびに、心の中で、

「我総算被児子打了、現在的世界真不像様……」

とつぶやく。「俺はつまり、自分のせがれにぶたれたということだ。今の世は実にひどい……」。みじめな現実から目をそむけ、自己欺瞞《ぎまん》で無意味な優越感にひたる。

この「阿Q精神」ないし「阿Q主義」が何を風刺しているのか、読者にはすぐわかった。魯

迅の小説は、若者や進歩派の人気を得た。毛沢東も、談話の中でよく「阿Q精神」を話題にした。

『阿Q正伝』連載開始から四半世紀後の一九四五年、中国は第二次世界大戦の戦勝国となり、「屈辱の百年」に終止符を打った。

二十一世紀の今日、日本の書店に行くと「日本はすごい」とか「日本は昔から先進国だった」という趣旨の本が並んでいる。百年前の「阿Q主義」の亡霊が、今の日本にとりついたのでなければ、よいのだが——。

# 将テレ錯ヲ就スレ錯ヲ

**訳　間違いだとわかりながら、その間違いを押し通す。**

中国語の会話でも普通に使われる四字熟語。漢文訓読で直訳すると「錯《さく》を将《も》って錯《さく》を就《な》す」。「錯」は、ここでは「錯誤」「間違い」の意。「就」は「つく」（就任、就職の就）や「なす」（成就の就）の意がある。誤りを犯し、途中でその間違いに気づいても、さまざまな理由や思惑からあえて過ちを改めぬ態度を言う。

人は誰でもミスをする。行くべき道も、よく間違える。

東京都内でも、海辺の青海《あおみ》駅と、内陸の青梅《おうめ》駅は、名前が似ているので混同される。お台場の青海駅の近くで大きなイベントがあると、お客さんのうち二、三人くらいは間違えて、二時間ほど離れた青梅駅に来てしまうという。「お台場って、こんなに緑豊かな山の中だっけ？」と改札口でキョトンとしていると、駅員がすぐに察して、誤解を教えてくれる。お台場のライブに出演するアイドルが、青梅駅に来てしまい、出演できなかった、という笑えぬ笑い話も、何度も起きている。

さて、間違えて青梅駅に来たら、どうするか。

「知錯能改、善莫大焉」という言葉がある。「錯《さく》を知《し》りて能《よ》く改《あらた》む、善《よ》きこと焉《これ》より大《だい》なるは莫《な》し」。意味は「自分が間違っていたことを悟って、すぐ改めることができる。それが最善だ」。出典は、古代中国の歴史書『春秋左氏伝《しゅんじゅうさしでん》』宣公《せんこう》二年（前六〇七）の、「人非聖賢、孰能無過！ 過而能改、善莫大焉。」である。漢文訓読で読み下すと「人《ひと》は聖賢《せいけん》に非《あら》ず。孰《たれ》か能《よ》く過《あやま》ち無《な》からん。過《あやま》つも能《よ》く改《あらた》むれば、善《よ》きこと焉《これ》より大《だい》なるは莫《な》し」。人間、誰だって、完璧な聖人でも賢者でもない。間違いを犯さない人間なんて、この世にいるだろうか。間違えたらすぐに改める。それができたら、ベストといえる。

　この言葉に従えば、すぐに青梅駅から列車に飛び乗り、青海駅に向かえばよい。二時間かかるが、せめてイベントの終了間際に会場に入れれば……。

　別の考え方もある。もうイベントには間に合わない。ならばいっそ、これも何かの縁だと思って、青梅駅の周辺を散策し、せっかくの日曜日を満喫しよう。

そんな態度が「将錯就錯」だ。間違いに気づきながら、面子《メンツ》にこだわり、ウソをついてもその間違いを依怙地《いこじ》に貫き通すのは、悪い「将錯就錯」だ。一方、間違いを抱きしめて、天が与えたチャンスだと思って最後まであきらめずやりとげるのは、良い「将錯就錯」だ。

　NHKの中国語講座に出演している劉セイラ氏は、生まれも育ちも北京である。劉氏は高校三年生のとき、日本語吹き替えのアニメ『鋼《はがね》の錬金術師』を見て「言葉も分からないのに声優さんの演技に震えた」（劉セイラ氏の自伝的漫画『教えて 劉老師！ 二カ国語声優の日常』

の吹き出しから引用。句読点等は改変。以下同じ）。将来アニメの声優になる夢を抱き、日本語を学ぶため北京外国語大学を志望した。高校の同級生は「そんなの外国人ができるの？」と心配した。劉さんは「できるよ。すでにいるもん。朴璐美《パクロミ》さんっていう方がね、ハガレン（『鋼の錬金術師』の略称）の主役なのよ。前例がすでにいるんだから、私ができないわけないよ」。

　劉セイラ氏は猛勉強の末、北京外国語大学日本語学科に入学。二〇〇六年春、留学のため初来日。「先生！　私は朴さんのような声優になりたいです！　彼女は日本語を何年勉強したのですか」と言うと、先生は「朴さんは確か生まれも育ちも日本だと思うが……」。その夜はショックで眠れなかったという。

　前例がある、というのは勘違いだった。前例はない。だが劉氏は、夢をあきらめなかった。日本語をきわめて声優になり、自分が前例となった。自分の道を改めず、前例がない、という事実のほうを改めた。良い意味での「将錯就錯」である。

　似た話はいろいろある。鍵盤ハーモニカのピアニカ前田氏がプロ奏者となったきっかけは、若き日に、友人から「スティービー・ワンダーの『イズントシーラヴリー』の間奏は実は鍵盤ハーモニカだ」と吹き込まれたことだった。実際はハーモニカによる演奏だった。

　勘違いだとわかる勘違いもあれば、勘違いだと気づかぬままの勘違いもある。私の場合、後者が多いようだ。

# 誤チテ置キ二代籍ノ中ニ一、両朝尊ブ二母儀ヲ一

**訳** **人事異動のミスで田舎に飛ばされた女性が皇后となり、二代にわたり尊ばれた。**

唐の文人・杜牧《とぼく》（八〇三-八五三）の長編の漢詩「杜秋娘詩《としゅうじょうし》」の言葉。漢文訓読で読み下すと「誤《あやま》ちて代《だい》の籍中《せきちゅう》に置《お》き、両朝《りょうちょう》、母儀《ぼぎ》を尊《たっと》ぶ」。前漢の宮中に仕えた少女が、人事担当者のミスで「代」という田舎町に赴任する名簿の中に加えられてしまったが、そのおかげで皇帝の母親、そして祖母になれたという「誤置代籍《ごちだいせき》」の故事を指す。

会社や役所では、人事異動による職場の配置転換は、七月が多い。四月に新生活をスタートした新入生や新入社員が「五月病」にかかるように、七月に転勤したベテランが「八月病」に悩むケースもある。今回の拙文は、八月病の人に捧げる。

今から二千二百年ほど昔の、前漢の時代。竇《とう》という姓の女子がいた。彼女の個人名は不明。「猗《い》」あるいは「猗房《いぼう》」だったという説もある。猗は「美しい」という意味。司馬遷《しばせん》が書いた歴史書『史記《しき》』外戚世家《がいせきせいか》第十九では「竇姫《とうき》」と書く。「姫」は個人名ではなく、高貴な子女を指す一般名称である。

竇姫の実家は清河郡の観津《かんしん》、現在の河北省衡水《こうすい》市にあった。そこそこの良家だったが、没落して窮乏していた。

前漢の初代皇帝・劉邦《りゅうほう》が亡くなったあと、彼の妻の呂太后《りょたいこう》が政治の実権を握った。呂太后は「中国史の三大悪女」の筆頭として有名な女傑だ。竇姫は宮中に入り、呂太后の侍女となった。

当時、劉邦の息子たちは、二代目の皇帝となった恵帝を除き、地方の領国の「王」に封《ほう》じられていた。徳川家康の息子たちが、二代将軍・秀忠を除き、各地の大名となった状況と似ている。

あるとき、呂太后は宮女の一部を各地の王、つまり、自分以外の側室が生んだ夫の遺児たちに下賜《かし》することにした。

「隊伍《たいご》を組む」という言葉がある。古代中国では五人で一組とすることが多かった。後宮の人事担当者は、各地ごとに五人一組の転勤リストを作成した。竇姫は人事担当者に、

「私の名前は必ず、趙《ちょう》へ行く組に入れてね」

と頼んだ。趙は竇姫の故郷に近い。が、人事担当者はそれを忘れ、竇姫の名をうっかり「代」行きのリストに記入した。代は、万里の長城の近くの軍事的な要衝《ようしょう》で、北辺の田舎町である。現在の河北省張家口《ちょうかこう》市にあった。

異動のリストは皇帝に提出され、決裁がおりた。出発にあたり、竇姫は大泣きして、人事

担当者を恨んだ。

代の王は、劉邦の四男で、地味でおとなしい性格の劉恒《りゅうこう》だった。竇姫は劉恒の目に留まり、寵愛を受け、息子や娘を生んだ。

前一八〇年、呂太后が病気で死ぬと、首都・長安ではクーデターが起こり、呂氏の勢力が一掃された。臣下たちは、おとなしい性格の劉恒を長安に迎え、皇帝とした。中国史上、屈指の名君とされる文帝《ぶんてい》である。

文帝の正妻が生んだ息子たちは早世したため、竇姫が生んだ息子があととりなった。竇姫は皇后となった。

竇皇后には、生き別れの弟がいた。弟は四、五歳で人に売られ、各地を転々とした。彼は宮中に名乗り出た。幼いころ、姉と駅舎で別れたとき、姉が自分の髪を洗ってくれて、食べものを人に請うて食べさせてくれた記憶を語った。竇皇后は弟を抱きしめて泣いた。

文帝が亡くなると、息子が即位した（景帝《けいてい》）。景帝は、生母である竇太后（皇帝の母は皇太后）を尊んで親孝行につとめた。彼は子供もたくさん作った。前漢と後漢の歴代皇帝も、『三国志』の劉備《りゅうび》や劉表《りゅうひょう》や劉璋《りゅうしょう》も、古代日本の渡来系氏族である漢氏《あやうじ》も、みな景帝の子孫、つまり竇姫の血筋である。

景帝が亡くなると、竇太后は、景帝の十番目の息子・劉徹《りゅうてつ》を皇帝に即位させた。漢王朝の最盛期に君臨した「漢の武帝」である。さしもの武帝も、竇太皇太后（皇帝の祖母は太皇太后）には頭が上がらなかった。彼女は、景帝と武帝の二代にわたり尊崇を受け、前一三五年に亡くなった。

もしあのとき、人事係が、名簿の記入ミスをしなかったら？　後漢を建国した光武帝も、『三国志』の英雄・劉備も、この世に生まれていなかったろう。歴史ドラマの顔ぶれは、全然違っていたはずだ。

歴史も人生も「縁」の連鎖である。何かの理由で「第一志望」からはずれても、過度に嘆く必要はない。頭をあげて前へ進めば、予想外の出会いが、あなたを待っているかもしれない。

# 采ルレ菊ヲ東籬ノ下、悠然トシテ見ル二南山ヲ一

## 訳 菊《きく》を采《と》る東籬《とうり》の下《もと》、悠然《ゆうぜん》として南山《なんざん》を見《み》る。

田園詩人の陶淵明《とうえんめい》が詠んだ漢詩の一節。「晩秋、庭の東側の籬《まがき》（竹や柴《しば》などで編《あ》んだ、目の粗《あら》い垣根《かきね》のこと）のもとで、地面に咲いている菊の花を摘み取っていると、悠然と、南の廬山《ろざん》が目に入る」という意味。早期退職し、俗世間とのかかわりを避けて田舎のスローライフを送る、隠逸《いんいつ》の境地を詠んだ名句である。

旧暦九月は「菊月《きくづき》」とも呼ばれる。旧暦九月九日の重陽節（日本では「重陽の節句」）には、長寿を祈って菊の花を浮かべた酒を飲む。

今回は、菊とかかわる漢詩を紹介しよう。

東晋《とうしん》（三一七－四二〇）の文人、陶淵明（三六五頃－四二七）は、生活のため、数え四十一歳で田舎町の「県令」になった。その後、上級の「郡」の役所から、年下の同郷人が監察官として視察に来ることになった（現代日本の「県」「郡」と逆で、昔の中国では「県」は「郡」より下の小さな行政単位だった）。礼装で迎えるように言われた陶淵明は、屈辱を感じ、

不為五斗米折腰

五斗米の為に腰を折らず（薄給のために卑屈なお辞儀はしない）という名セリフを吐き、たった八十日余りで県令を辞職して実家に帰った。その時、彼が詠んだ漢詩「帰去来《ききょらい》の辞」の冒頭の、

帰去来兮　田園将蕪胡不帰
帰《かえ》りなんいざ。田園《でんえん》、将《まさ》に蕪《あ》れなんとす、胡《なん》ぞ帰《かえ》らざる（帰るとしよう、さあ。故郷の田園が荒れ果ててしまいそうだ。どうして帰らないのか。帰るぞ）

も有名だ。なお、東晋時代の「五斗」は約十リットル。十リットルの米の値段は、今の日本では三千円くらい。もし日給だとしても、かなり安い。

早期退職した陶淵明は、酒を愛し、家族との団らんを大切にして、漢詩を詠んだ。

《飲酒》其五

結廬在人境　　廬《いおり》を結びて人境《じんきょう》に在《あ》り
而無車馬喧　　而《しか》も車馬《しゃば》の喧《かまびす》しき無《な》し
問君何能爾　　君《きみ》に問《と》ふ　何《なん》ぞ能《よ》く爾《しか》るやと
心遠地自偏　　心遠《こころとお》ければ　地自《ちおのずか》ら偏《へん》なり
采菊東籬下　　菊《きく》を采《と》る東籬《とうり》の下《もと》
悠然見南山　　悠然《ゆうぜん》として南山《なんざん》を見《み》る

山気日夕佳
飛鳥相与還
此中有真意
欲弁已忘言

山気《さんき》日夕《にっせき》に佳《よ》く
飛鳥《ひちょう》相与《あいとも》に還《かえ》る
此《こ》の中《うち》に真意《しんい》有《あ》り
弁《べん》ぜんと欲《ほっ》して已《すで》に言《げん》を忘《わす》る

大意は――わが家は質素だが、山奥ではなく人里《ひとざと》にある。しかし来客はなく、車や馬の騒音とは無縁だ。「教えてくれ。どうして、そんなふうでいられるのか」。心だよ。心が世間から遠ざかれば、住む場所も自然と辺鄙《へんぴ》な雰囲気になるのさ。晩秋、庭の東の籬のもとで菊の花を摘む。はるかに、のんびりとした南山（廬山《ろざん》の昔の別名）が目に入る。山の靄《もや》の景色は、夕暮れどきがいい。空を飛ぶ鳥たちも、連れ立って山へと帰る。これだよ。ここに人生の本当の意味がある。はっきり説明しようとすると、うまく言えないけれど。

晩秋の菊。夕暮れの山。山へ帰る鳥たち。余生を送る作者。すべてが調和している。

日本の作家・夏目漱石（一八六七―一九一六）は、小説『草枕』の中で、西洋と東洋の文学を比較して論じている。西洋の詩は結局、人間の現実的な生活から離れることができない。それに対して、「うれしい事に東洋の詩歌《しいか》はそこを解脱《げだつ》したのがある。採〔ママ〕菊東籬下、悠然見南山。ただそれぎりの裏《うち》に暑苦しい世の中をまるで忘れた光景が出てくる。垣の向うに隣りの娘が覗《のぞ》いてる訳でもなければ、南山に親友が奉職している次第でもない。超然と出世間的に利害損得の汗を流し去った心持ちになれる。」

ただ現実問題として「淵明だって年《ねん》が年中《ねんじゅう》南山を見詰めていたのでもあるまいし」「やはり余った菊は花屋へ」転売したのだろう、と漱石はユーモアをこめてつけ加えた。

残念ながら、陶淵明が採った菊は、花屋に売れそうもない。当時の菊は、地面に自然に生える可憐で小さな「野菊」だった。食用や薬用にはなったが、観賞用の栽培種ではない。品種改良された大輪の栽培菊は唐の時代から広まり、日本へも遣唐使の時代に伝わった。

陶淵明は、採った菊をどうしたのか。家族と食べたのか。薬屋に転売したのか。……そんな無粋《ぶすい》な想像は、自粛しておこう。

# 歡楽極《マリテ》兮哀情多《シ》

**訳**

## 歡楽《かんらく》極《きわ》まりて哀情《あいじょう》多《おお》し

楽しいこと、喜ばしいことが極まると、かえって心の中に悲しい気持ちがとめどなくわいてくる、という意味の成語。何事も頂点を極めたらそのあとは下り坂、という真理に対する悲喜こもごもの感傷を述べる。出典は、前漢の武帝《ぶてい》が、ぜいたくな船遊びのさなかに老いを予感して詠んだ漢詩「秋風辞《しゅうふうのじ》」。

中国の旧暦の「七十二候」の一つ「草木黄落《そうもくこうらく》」（草木《そうもく》、黄《き》ばみ落《お》つ）は、新暦の十月末にあたる。日本の俳句の季語にもなっている。儒教の経典『礼記《らいき》』月令《がつりょう》の「季秋の月」（旧暦九月、晩秋）のくだりや、漢の武帝（在位、紀元前一四一～前八七）が詠んだ漢詩にも「草木黄落」の四字句が出てくる。今回は後者を紹介する。

武帝は、前漢の最盛期に足かけ五十五年の長きに渡って君臨した皇帝である。現代の中国では漢武帝とか、本名で劉徹と呼ぶ。紀元前一一三年、在位二十九年目の秋、数え年で四十四歳の武帝は、首都から遠く離れた山西省に行幸した。現地を流れる大河に豪華な巨船を浮かべて船遊びを楽しみ、漢詩を詠んだ。

《秋風辞》

秋風起兮白雲飛
草木黄落兮雁南帰
蘭有秀兮菊有芳
懐佳人兮不能忘
泛楼船兮済汾河
横中流兮揚素波
簫鼓鳴兮発棹歌
歓楽極兮哀情多
少壮幾時兮奈老何

秋風《しゅうふう》起《お》こりて白雲《はくうん》飛《と》び
草木《そうもく》黄《き》ばみ落《お》ちて　雁《かり》　南《みなみ》に帰《かえ》る
蘭《らん》に秀《しゅう》有《あ》りて菊《きく》に芳《ほう》有《あ》り
佳人《かじん》を懐《おも》いて忘《わす》るる能《あた》わず
楼船《ろうせん》を泛《うか》べて汾河《ふんが》を済《わた》り
中流《ちゅうりゅう》に横《よこ》たわりて素波《そは》を揚《あ》げ
簫鼓《しょうこ》鳴《な》りて棹歌《とうか》を発《はっ》す
歓楽《かんらく》極《きわ》まりて哀情《あいじょう》多《おお》し
少壮《しょうそう》幾時《いくとき》ぞ　老《お》いを奈何《いかん》せん

大意は――秋風が吹き、白い雲が飛ぶ。草木の葉は黄ばんで落ち、渡り鳥の雁は南へ帰る。フジバカマの花の可憐さ、菊の香りのすがすがしさ。美しい人の面影を忘れられない。巨大な屋形船を浮かべて汾河を渡る。流れの中ほどに船を横たえると、白い水しぶきがあがる。笛と太鼓の鳴り物と、水夫たちの船歌が始まる。歓楽がピークに達したとたん、悲しみがわきおこる。若い時はどれほどもない。近づいてくる老いを、どうしようか。

「秋風辞」の「辞」は、南方系の「楚辞体《そじたい》」の韻文スタイルを指す。「兮《けい》」は楚辞体の詩で使われる語気助詞で、日本の俳句の切れ字（「…や」「…かな」など）にあたる。「蘭」は普通はランの花の意だが、ここではフジバカマ（日本では「秋の七草」の一つ）を指す。「佳人」云々は、誰か具体的な女性の思い出を述べたのか、何かの比喩なのか、後世の解釈が分かれるところである。汾河は山西省を流れる大河の名。現地の蒸留酒「汾酒《フェンチュウ》」は有名。

時間という資産は平等だ。貧乏人も帝王も、人生は一度きりだ。一日の長さは同じ。四季も人生も、晩秋の「草木黄落」の時分は、実りの豊かさを満喫する喜びと、冬の予感の暗さがないまぜになる。秋の心と書いて「愁《うれい》」と読む。富と権勢を極めた武帝が「歓楽極まりて哀情多し」と述べたのは、意外でもあり、また、人間心理の機微にも合致するものである。

四十四歳でしおらしい詩を詠んだ武帝は、七十歳で亡くなるまで権力をふるい、外征や大規模な土木工事を繰り返した。その治世は評価が分かれるが、後世への影響は大きい。例えば、武帝が学者に作らせた「太初暦《たいしょれき》」は、今日まで続く東アジアの旧暦の基礎となった。元号という制度を始めたのも武帝である。もし武帝が元号を作らなかったら、今の日本も「昭和」や「平成」「令和」といった元号を使っていなかったかもしれない。

武帝が暦に熱心だったのは、空間だけでなく時間をも支配したい、というあくなき支配欲のせいか。それとも「老いを奈何せん」と詠んだ、時の推移に対する詩人的な感傷もあったのか。加藤徹に劉徹の本音はわからない。ともあれ「歓楽極兮哀情多」は味わい深い。

# 日暮《レテ》途遠《シ》

**訳**

**日《ひ》暮《く》れて道《みち》遠《とお》し。日は暮れてしまったのに、目的地までの道のりはまだ遠い。**

やるべきことがあるのに、時間ばかりが過ぎ、目的達成のめどがたたず、焦りや不安に駆られる状況を指す四字成語。「日暮途窮」（日暮れて途窮《みちきわ》まる）とも言う。出典は司馬遷の『史記』伍《ご》子胥《ししょ》列伝。伍子胥が、「死屍《しし》に鞭打《むちう》つ」残酷な復讐をおこなった自分の思いを述べた言葉。

今回は「日暮《にちぼ》」にまつわる言葉を紹介しよう。

中国の作家・魯迅（一八八一－一九三六）の自伝的短編小説『藤野先生』に「日暮里《にっぽり》」という地名が出てくる。魯迅は清《しん》の末、一九〇二年に来日した。東京で日本語を学んだあと、一九〇四年九月、仙台医学専門学校（現在の東北大学医学部）に入学した。仙台までの列車の旅を、魯迅はこう述べる。

〝従東京出発、不久便到一処駅站、写道、日暮里。不知怎地、我到現在還記得這名目。其次却只記得水戸了、這是明的遺民朱舜水先生客死的地方。〟

東京を出発してまもなく、とある駅に着いた。日暮里、と書いてあった。なぜか私は今もその名前を覚えている。その次に覚えている駅は水戸だけだ。明《みん》の遺民、朱舜水《しゅしゅんすい》先生が客死した地である。

魯迅を含め、当時の若者は、革命を起こして新しい国を作らねば中国は滅びる、という危機意識を抱いていた。しかし、革命運動は清国政府の弾圧で失敗の連続。日暮里と水戸は、不安な暗い気持ちを象徴する地名として出てくる。

『藤野先生』は回顧録ではない。自伝的小説なので、脚色がちりばめられている。

朱舜水（一六〇〇－一六八二）が客死した地は水戸ではなく、江戸である。朱は、魯迅と同じ中国浙江省の出身の知識人で、明末清初の動乱期に日本に亡命した。水戸藩の藩主・徳川《とくがわ》光圀《みつくに》（水戸黄門）は儒学を好み、朱の門人となった。水戸藩は参勤交代を免除されており、光圀も朱も江戸に住んだ。朱は平穏な後半生を送ったが、明を復興する夢を果たせぬまま異国で亡くなった。水戸藩の中屋敷があった東京大学農学部の構内には、今も「朱舜水先生終《しゅう》焉《えん》之地《のち》」の石碑がある。

日暮里駅うんぬんも脚色だ。日暮里駅の開業は一九〇五年四月一日。魯迅が仙台に向かった一九〇四年の時点ではまだできていない。魯迅は「日暮」の字面を示すことで、旅愁と不安の心象風景的イメージをふくらませた。

古来、日暮の旅愁を詠んだ名句は多い。孟浩然《もうこうねん》（六八九－七四〇）の五言絶句《宿建徳江》（建徳江《けんとくこう》に宿《しゅく》す）の、日暮客愁新（日《ひ》暮《く》れて客愁《かくしゅう》新《あら》たなり）をはじめ、陳子昂《ちんすごう》の「日暮且孤征」（日暮《にちぼ》、且《しば》らく孤《ひと》り征《ゆ》く）、王維《おうい》の「日暮飛鳥還、行人去不息」（日暮《にちぼ》、飛鳥《ひちょう》還《かえ》るに、行人《こうじん》、去《さ》りて息《や》まず）、崔顥《さいこう》の「日暮郷関何処是」（日暮《にちぼ》、郷関《きょうかん》、何《いず》れの処《ところ》か是《これ》なる）等々、唐の漢詩だけでも枚挙にいとまがない。

見通しが立たず不安な状況の比喩「日暮れて道遠し」の字句は、本ごとに微妙に違う。

〝日暮道遠〟――『呉子《ごし》』治兵《ちへい》

〝日暮路遠〟――『尉繚子《うつりょうし》』兵教下《へいきょう》、『呉越春秋』闔閭《こうりょ》九年

〝日暮途遠〟――『史記《しき》』平津侯《へいしんこう》主父《しゅほ》列伝

〝日莫途遠〟――『史記』伍子胥列伝

伍子胥（前五五九？―前四八四）は、春秋時代の呉の政治家兼武将で、若いころ、父と兄を楚《そ》の平王に殺された。呉が戦争で楚を占領すると、伍子胥は平王の墓をあばき、遺体を三百回鞭で打った。「掘墓鞭屍」つまり「死屍に鞭打つ」の故事である。親友から「いくらなんでも度が過ぎている」と批判された伍子胥は「私は、日暮れて道遠し、という気持ちだった。だから道に逆らう行いをしたのだ」と述べた。

漢語の「日暮」と違い、日本語で「日暮」と書くと、ヒグレの他、ヒグラシ（朝から晩まで。

ひねもす。終日、の意）という読み方もある。

江戸時代の新《にい》堀《ほり》村《むら》は景勝地だった。四季折々の花が咲く美しい田園地帯が広がり、高台の道《どう》灌《かん》山《やま》からは富士山と筑波山が見えた。一日中（ヒグラシ）遊んでもあきない村里、の意にかけて、享保年間ごろから「日暮里」という漢字を「新堀」にあて、読みもニッポリとなった。現代の日暮里は、温かい下町情緒と古い寺町の風情で、外国人観光客にも人気がある。ちなみに、私が通った私立高校は西日暮里の道灌山にあった。男くさい男子校で楽しい青春時代を満喫できなかったが、日暮里の町は暗いヒグレのサトではないのでご安心ください。

# 遊戯三昧

**訳　喜びも苦しみも含めて、人生というゲームを楽しもう。**

仏教の言葉。時代や使う人ごとに、意味用法は微妙に異なる。現代では「この世はゲーム。自分はゲームの中のキャラクター。生老病死、喜怒哀楽、幸運も不運も、酸《す》いも甘いも、みな人生というゲームの一部だ。挫折や苦労も含めて、一度かぎりの人生を楽しもう」と達観した境地を意味することが多い。

テニスの杉山愛選手は、十七歳でプロに転向し、三十四歳で現役を引退するまで、世界トップレベルの戦績を残した。オリンピックに四度も連続出場した。そんな彼女も二十五歳のとき、試合で自分が納得できる結果を出せず「辞めたい」と悩んだ。が、母親の励ましと、「遊戯《ゆげ》三昧《ざんまい》」という言葉のおかげで、スランプを脱した。杉山氏は回想する。

「たまたま読んでいた本で知ったのが『遊戯三昧』という禅の言葉。好きなことであっても、そこには楽しいこともつらいこともある。だからやることそのものを楽しめ、という教えです。挫折からはい上がってたどり着いた自分の境地そのものだった。以来、『遊戯三昧』は私の座右の銘にもなりました。」（日経ＡＲＩＡ「テニス杉山愛　挫折後にたどり着いた『遊戯三

味』の境地」（二〇二〇年七月二十二日）

江戸時代の剣術書『剣談《けんだん》』に「勝ちに不思議の勝ちあり。負けに不思議の負けなし」とある。負け試合は、自分に不足していることを突きつけられること。つまり、成長するためのヒントをもらえるということ。そう達観した杉山氏は、勝ち負けに一喜一憂せず、負け試合も含めて、テニス人生を楽しめるようになった。

「遊戯」は、遊び戯《たわむ》れる、と書く。保育園や幼稚園の「お遊戯」は漢音でユウギと読むが、仏教用語では呉音でユゲと読む。現代の中国語では、特に若い中国人が「遊戯」と言うと、おもに、パソコンやスマホで遊ぶ今ふうのゲームを指す。「三昧」は、瞑想による深い精神的境地を指す仏教用語で、インドのサンスクリット語「サマーディ」の音写である。

「遊戯三昧」の語は、唐代の画論『山水訣《さんすいけつ》』や、宋代の禅書『景徳伝灯録《けいとくでんとうろく》』や『無門関《むもんかん》』などにも見える。日本の古典『梁塵秘抄《りょうじんひしょう》』（一一八〇年前後の成立）にも「遊戯三昧」を詠んだ今様《いまよう》が収録されている。

遊びをせんとや生れけむ　戯《たわぶ》れせんとや生れけん
遊ぶ子供の声きけば　我《わ》が身さへこそ動《ゆる》がるれ

意味は――遊びをしようとして生まれたのであろうか。面白がって盛り上がるために生まれたのであろうか。遊ぶ子供たちの歓声を聞くと、私のこの体までもが自然に揺れ動く。仕事や生活に疲れた大人は、煩悩や妄執にとらわれる。が、遊びに夢中な子供は、純真で、何の悩みもなく、仏道修行の悟りの境地に近い。

たしかに、「パプリカ」(米津玄師《よねづけんし》・作詞作曲)を歌って踊る子供たちをテレビで見ると、半世紀前に子供だった私も、気分がノリノリになる。

二〇一二年のNHK大河ドラマ『平清盛』では、この「遊びをせんとや生れけむ」云々の今様と、当時のゲームである双六《すごろく》が、激動の時代の生き方の象徴として登場した。

この世は波瀾万丈のゲーム、自分は不屈のプレイヤー、という発想は、西洋にもある。一九九七年のイタリア映画『ライフ・イズ・ビューティフル』(原題 La vita è bella 中国語タイトルは《美麗人生》)は、第二次大戦中、ナチスによって強制収容所に送られたユダヤ人の親子の物語だ。不安がる幼い息子に、父親はウソをつく。「これから始まる生活は、ゲームだ。泣いたり弱音を吐いたら減点。笑顔でいい子にしてれば得点。千点たまったら勝ち。ゲームをクリアしたら、ご褒美《ほうび》に、本物の戦車に乗って、ママに会いにゆけるよ」。幼い息子は、収容所の死と隣りあわせの日々をゲームだと信じ、懸命に生きるが……(以下、ネタバレ自粛)。

筆者の勤務先の大学も、コロナの時は大変だった。教員は、オンライン授業をしなさい、と突然に迫られ、あたふたした。学生も大変だった。特に新入生は、入学式も対面授業もなく、一度もキャンパスに足を踏み入れぬまま、友達も作れなかった。そんな中、芸術についてのオンライン授業で「遊戯三昧」という禅語を紹介した。「今の難局も、ゲームの中のキャラクターになったつもりで、楽しみながらクリアできるといいね」。子供のころからロール・プレイング・ゲームに親しんできた学生たちは、留学生も含め、人生をゲームになぞらえて生き抜く「遊戯三昧」の発想が昔からあることを知って驚き、また安心したようである。

# 友とライバル

# 不レ求メ二同年同月同日ニ生マルルヲ一、只ダ願ハクハ同年同月同日ニ死ナン

**訳**

**同年同月同日に生まるるを求めず、ただ願わくは同年同月同日に死なん。**

中国の古典小説『三国演義』冒頭の「桃園《とうえん》の誓い」のセリフ。無名時代の劉備・関羽・張飛の三人が出会い、意気投合し、義兄弟のちぎりを結んだ。人は、自分が生まれる時代も、自分を生んでくれる親も選べない。だから、それは願わない。しかし友は選べる。私たちは最後まで生死を共にする友であり続けたい、という意味。

中国では、三世紀に成立した歴史書『三国志』と、十四世紀に成立した古典小説『三国演義』は、名称が違う。『三国演義』は、史実を脚色し、フィクションをまじえた作品だ。中国の芝居や映画、テレビドラマの大半は『三国演義』を原作としている。日本では、歴史書も古典小説も現代の創作作品も、みないっしょくたにして「三国志」と呼ぶ。以下、本稿もこれにならう。

江戸時代の読本《よみほん》『通俗《つうぞく》三国志』も、昭和の国民的作家・吉川英治（一八九二―一九六二）による小説『三国志』も、横山光輝の漫画『三国志』も、NHKの『人形劇 三国志』（一九八二〜一九八四年にかけて放送）も、現代のアニメやゲームの三国志も、『三国演義』の影響が大きい。

三国志は面白い。人間関係がおおらかで、善玉も悪役もそれぞれ個性を発揮している。

筆者は一九六三年生まれの日本人である。子供のころ、赤塚不二夫氏の漫画（とテレビアニメ）の『もーれつア太郎』を見ていた。主人公のア太郎は小学生だが、同い年（くらい）のデコッ八や、大人である「ブタ松」から「親分」と呼ばれる。本宮ひろし氏の漫画『男一匹ガキ大将』でも、中学生の主人公は同じ中学生たちから「万吉《まんきち》親分」と呼ばれる。

中学生になって、いろいろな「三国志」を読み、驚いた。親分子分でも主従関係でもない、のびやかな人間関係が、三国志には豊富に出てくるのだ。

日本の三国志の元ネタである『三国演義』の冒頭。後漢の末、黄巾《こうきん》の乱が起き、天下は乱れた。無名の若者だった劉備・関羽・張飛が出会い、意気投合し、天下のために戦うことを誓う。三人は満開の花が咲く桃園、すなわち桃の木の畑で、馬や牛を犠牲にして天の神に供え、香をたいて再拝し、次のように宣誓する。

念劉備、関羽、張飛、雖然異姓、既結為兄弟、則同心協力、救困扶危。上報国家、下安黎庶。不求同年同月同日生、只願同年同月同日死。皇天后土、実鑑此心、背義忘恩、天人共戮！

文語体で直訳すると「念《ねん》ずらくは、劉備《りゅうび》・関羽《かんう》・張飛《ちょうひ》は異姓《いせい》なりと雖《いえど》も、既《すで》に結《むす》ばれて兄《きょう》弟《だい》為《た》れば、則《すなわ》ち同心協力《どうしんきょうりょく》し、困《くる》しむを救《すく》い危《あやう》きを扶《たす》け、上《うえ》は国家《こっか》に報《むく》い、下《した》は黎庶《れいしょ》を安《やす》んぜん。同年同月同日《どうねんどうげつどうじつ》に生《う》まるるを求《もと》めず、只《ただ》、願《ねが》わくは同年同月同日に死《し》なん。皇天后土《こうてんこうど》よ、実《まこと》に此《こ》の心《こころ》を鑑《かんが》みよ。義《ぎ》に背《そむ》き恩《おん》を忘《わす》れなば、天人《てんじん》共《とも》に戮《りく》せん」。大意は——これなるわれら三人、姓は違えど、ちぎりを結んで兄弟となったうえは、心と力をあわせ、世の苦しむ人々を救い、上は国に報い、下は庶民を助けよう。生まれた日が違うのはしかたない。せめて同じ日を生き、同じ日に死のう。天の神よ、地の神よ。われらの心をとくとご照覧あれ。われらがもし義に背き恩を忘れたら、天も人もわれらを殺せ。

「桃園の誓い」を、中国語では「桃園三結義」と呼ぶ。この名場面はフィクションだが、史実でも、劉備は主君で関羽と張飛は部下だったのに、実の兄弟以上に仲が良く、私生活ではのびのびした関係だった。親分子分ではなかった。

三国志に比べると、日本の英傑は堅苦しい。織田信長と豊臣秀吉は二、三歳しか違わないのに、主従関係だ。信長は秀吉を「サル」とか「ハゲネズミ」と呼ぶが、秀吉が信長を「兄貴」と呼ぶことはありえない。

三国志は、男の子の永遠の夢である。

吉川英治は小説『三国志』の序で「これを書きながら思い出されるのは、少年の頃、久保《くぼ》天《てん》随《ずい》氏の演義三国志を熟読して、三更四更まで灯下にしがみついていては、父に寝ろ寝ろといって叱られたことである」と書いた。吉川のような明治時代の少年も、私のような昭和の少年も、そして今の少年も、「三国志」に夢中になる。小説や漫画やゲームや映画など、時代の流行は変わっても、「三国志」の面白さは色あせない。

# 既《ニ》生《ミ》レ瑜《ヲ》、何《ゾ》生《ムヤ》レ亮《ヲ》！

**訳**

## 私を生んだ天は、なぜ諸葛孔明を生んだのか。

古典小説『三国演義』の話。周瑜《しゅうゆ》は名門の家柄で、若くして呉《ご》の国の「大都督《だいととく》」（最高司令官）となった。周瑜は才能も容姿も優れ、作戦や謀略を次々と立てた。しかし、彼のライバルだった諸葛孔明《しょかつこうめい》は超人的な天才で、終始、周瑜の手の内を見透かした。周瑜は嫉妬《しっと》と煩悶《はんもん》の末、自分と同じ時代に諸葛孔明を生んだ天を呪って、憤死した。書き下し文は「既《すで》に瑜《ゆ》を生《う》み、何《なん》ぞ亮《りょう》を生《う》むや」となる。

ライバルは大事だ。中国語の勉強もスポーツも恋愛も、ライバルがいるとスリリングになる。宮本武蔵と佐々木小次郎、星飛雄馬と花形満、朝丘ユミと椿麻理、アムロ・レイとシャア・アズナブル、等々。「三国志」もライバルの宝庫だ。

蜀《しょく》のリーダーである劉備《りゅうび》（一六一－二二三）と、魏《ぎ》のリーダーである曹操《そうそう》（一五五－二二〇）は、天下を目指すライバルどうしだ。劉備は人徳者だったが、正義派ゆえ権謀術数は苦手。曹操は悪知恵にたけた悪役で、国家の中枢に食い込み絶大な権力をほしいままにするが、人徳は薄い。史実はともかく、物語の「三国志」ではそうだ。善悪や特長が対照的なライバルどうしの競争は、華やいだワクワク感がある。

逆に、同業の同類のライバル争いは、嫉妬まみれの陰湿な感じになりがちだ。

一九八四年のアメリカ映画『アマデウス』は、ブロードウェイの同名の舞台演劇を映画化した作品だ。十八世紀末のウィーン。宮廷楽長のアントニオ・サリエリは、モーツァルトと出会い、その音楽的天才に驚愕する。サリエリは嫉妬し、神を呪う。神は、自分があれほど熱望した音楽的天才をモーツァルトに与える一方、自分には、モーツァルトが天才だとわかるていどの凡庸な才能しか与えてくれなかった、と。嫉妬に身もだえするサリエリは、モーツァルトを……(以下、ネタバレ自粛)。

「三国志」の周瑜と諸葛孔明の関係は、これと似ている。

諸葛孔明は、中国人には珍しく「諸葛」という二字姓で、名は「亮」、字《あざな》は「孔明」である。孔明が生まれた後漢の時代、個人名は一字で、字は個人名の意味と関連する二字、という命名の慣習があった。「亮」は「明亮」の意。「孔明」は「はなはだ明るい」の意だ。孔明は聡明だった。なお、日本では「諸葛孔明」と四字で呼ぶことが多いが、中国語では「諸葛亮」と三字で呼ぶことが多い。例えば、中国語では、

三個臭皮匠、賽過諸葛亮

「三人のくさい革職人《かわ》は、諸葛孔明にまさる」。「皮匠」は、本来は同音の「裨将《ひしょう》」（古代の軍隊の副将）だったという説もある。また後半部を「頂個（＝匹敵する）諸葛亮」とか「勝過（＝勝《まさ》る）諸葛亮」と言う人もいる。日本では「三人寄れば文殊《もんじゅ》の知恵」と言う。孔明は文殊菩薩《ぼさつ》に匹敵する知恵の持ち主だった。

孔明がまだ無名の青年だったころ、劉備は、二十歳も年下の孔明の質素な寓居《ぐうきょ》を三回も訪問し、頭を下げて出馬を要請した。「三顧茅廬」の故事である（三《み》たび茅《かや》の廬《いおり》を顧《かえり》みる。日本では「草廬三顧《そうろさんこ》」とか「三顧の礼」と言う）。孔明は劉備の人柄に感服し、軍師となった。義兄弟で古参の関羽や張飛は、面白くない。劉備は、古今の知恵に通じた孔明を得たことは、自分にとって、魚が水を得たようなものだ（如魚得水）と述べた。関羽と張飛も納得した。日本語の「水を得た魚」の語源である。

呉の孫権《そんけん》（一八二―二五二）は、曹操や劉備に匹敵する一方のリーダーだった。孫権の腹心であった周瑜（一七五―二一〇）は名門の出身で、頭脳明晰《めいせき》だった。曹操の大軍が呉を攻めたとき、周瑜は孔明と協力して作戦を立て、「赤壁《せきへき》の戦い」で曹操を打ち破った。しかし周瑜は、孔明と協力関係にあったあいだも、いずれ彼の天才が呉の脅威となることを見越していた。

### 諸葛亮三気周瑜――略使小技

という「歇後語《けつご》」（前半部だけ口にして、後半部の意味をほのめかすしゃれ言葉。現在は後半分も続けて言うのが普通）もある。「孔明がみたび周瑜を怒らせる。そのココロは、いささか小技を使う」。『三国演義』では、周瑜が策略を考え出すたびに、超天才である孔明は周瑜の手の内を見透かして、周瑜の裏をかいてあしらう。周瑜は孔明の天才に嫉妬する。最後は古傷が悪化し「既《すで》に瑜を生み、何《なん》ぞ亮を生むや！」と叫んで憤死する。

以上は古典小説『三国演義』のフィクションである。ノンフィクションの歴史書である正史『三国志』によると、周瑜は数え三十六歳の若さで、遠征先で病死した。孔明への嫉妬も、憤死も史実ではない。映画『アマデウス』もフィクションで、史実のサリエリは才能ある後進を熱心に育成した音楽家だった。ともあれ、昔から大衆は、男の嫉妬の物語が好きなようだ。

# 山川異《ニスレドモ》レ域《ヲ》、風月同《ジウス》レ天《ヲ》

## 訳　国土は互いに離れていても、風や月に国境はありません。

八世紀、奈良時代の日本から唐の僧侶たちに贈った千着の袈裟《けさ》に刺繍してあった偈頌《げじゅ》の前半部。漢文訓読では「山川《さんせん》、域《いき》を異《こと》にすれども、風月《ふうげつ》、天《てん》を同《おな》じうす」と読む。「私たちが暮らす国土の山河《さんが》は違いますが、私たちは空を吹く風でつながり、同じ月を見ています」と日中両国の絆を述べた言葉。

二〇一九年末、中国のネット上では、六十年に一度の庚子《かのえね》の年には国難が起きる、というジンクスがささやかれた。一八四〇年はアヘン戦争勃発、一九〇〇年は義和団の乱、一九六〇年は大飢饉《だいききん》。二〇二〇年は……。科学的根拠はないが、二〇二〇年は新型肺炎で幕が開いた。

中国ではマスクや防護服、消毒液などが不足した。日本でも品薄になったが、さまざまな団体がそれらを調達し、支援物資として中国に送った。日本から届いた支援物資の箱には、日本人や在日中国人による激励の言葉も添え書きされていた。

日本青少年育成協会が湖北省の学校に送った支援物資の箱には「加油《ジャヨウ》！中国」（がんばれ！

中国）という応援の言葉と、「山川異域、風月同天」という詩句が書いてあった。箱の写真はSNSで拡散して話題となり、中国のメディアでも大きく取り上げられた。

昔、天武天皇の孫にあたる長屋王《ながやおう》（「ながやのおう」「ながやのおおきみ」とも。？-七二九）という政治家がいた。仏教を敬い、千人分の袈裟《けさ》を作らせ、遣唐使《けんとうし》を通じて唐の僧に贈った。その袈裟の縁《ふち》には以下の十六文字が刺繍してあった。

山川異域、風月同天。寄諸仏子、共結来縁。

後半部を漢文訓読で読み下すと「諸《これ》を仏子《ぶっし》に寄《よ》す、共《とも》に来縁《らいえん》を結《むす》ばん」。意味は「この袈裟を、仏教を信じる皆様にお贈りします。一緒に未来の縁を結びましょう」。「諸仏子《しょぶっし》に寄す」（もろもろの仏子にお贈りする）と訓読しても、大意は同じである。

西暦七四二年、唐の高僧・鑑真《がんじん》（六八八-七六三）は、日本からの要請を受け、日本への渡航を快諾した。鑑真も千の袈裟の話を知っており、日本に仏縁を感じていた。当時、海を渡るのは命がけだった。鑑真は五回も失敗し、困苦で失明した末、七五四年にようやく来日を果たした。

日本のNPO法人仁心会は、湖北省に大量の医療用マスクや防護服などを送った。支援物資の箱には、豈曰無衣、与子同裳！

と書いてあった。中国最古の詩集『詩経』の中の「無衣」という作者不明の漢詩の一句である。訓読は「豈《あに》、衣《ころも》無《な》しと曰《い》わんや、子《し》と与《とも》に裳《しょう》を同《おな》じうせん」。趣旨は「衣服が乏しい、という愚痴は言いません。私はあなたと、乏しい衣服を分かちあい、最後まで戦いぬく覚悟です」。日中両国ともマスクや防護服が品薄で苦しい今こそ、協力して頑張りましょう、という意志表示である。

日本の富山県が、姉妹都市的な友好関係を結んでいる中国の遼寧省に送った支援物資の箱には、

遼河雪融、富山花開。同気連枝、共盼春来！

と、新作書き下ろしの詩が書いてあった。意味は「遼河《りょうが》の雪がとけるころ、富山では花が咲きます。私たちは、同じ気を受け継ぎ同じ枝でつながる、兄弟姉妹のような存在です。一緒に春を待ちましょう」。

日本の舞鶴市が中国の大連市に送った支援物資の箱の言葉は、王昌齢《おうしょうれい》（六九八－七五七）が友人に贈った漢詩「柴侍御《さいじぎょ》を送る」の名句だった。

青山一道同雲雨、明月何曽是両郷。

「青山一道《せいざんいちどう》、雲雨《うんう》を同《おな》じうす。明月《めいげつ》、何《なん》ぞ曽《かつ》て是《こ》れ両郷《りょうきょう》ならんや」。意味は「君がこれから進む青い山道はずっと、雲と雨でこちらとつながっている。夜空の月も、こちらとそちらを隔てずに、闇を明るく照らしてくれる」。風雲急を告げる不穏な情勢のなかでも、日中両国は絆と希望を共有していることを述べる。

この他にも、中国のＳＮＳやメディアで評判となった日本からのメッセージは枚挙《まいきょ》に暇《いとま》が無い。難しい言葉でなくてもよい。「加油、中国！」のようなシンプルな言葉でも、気持ちは伝わる。

私も一つ、中国語で韻を踏んだエールを作ってみよう。

中国、日本、輔車唇歯。
今天的奮闘、未来的歴史！

中国と日本は、持ちつ持たれつの唇歯輔車《しんしほしゃ》の関係です。今日の奮闘が、未来の歴史になることを信じて。

# 鴻雁伝レフ書ヲ

訳 **渡り鳥のガンを使って、遠くから手紙を届ける。**

手紙を書いて送る、という意味の雅語的表現として使う四字成語。漢文訓読で読み下すと「鴻《こう》雁《がん》、書《しょ》を伝《つた》う」。「鴻雁」はガンの総称。その昔、漢の蘇《そ》武《ぶ》（前一四〇頃-前六〇）は、北の敵国に抑留されたが、南に渡るガンの足に手紙をくくりつけ、祖国に自分の生存を知らせた、という故事にもとづく。

二十世紀の末ごろまで、外国人とペンフレンドになり、手紙やはがきで文通しつつ語学力を高める、という勉強法がけっこう普及していた。日本語を学ぶ中国人と、中国語を学ぶ日本人が、知人や文通の会を介して知り合う。日中間の普通郵便は、飛行機で運んでも片道一週間かかる。航空郵便による文通の時代は、

我們雖然相隔万里、但是能够鴻雁伝書、令人感到無比欣慰！
（私たちは万里を隔てていますが、鴻雁もて書信を伝えることができ、欣《きん》快《かい》至《し》極《ごく》に存じます。）

など、背伸びをして難しい中国語を作文しても、それほど嫌みではなかった。

今はチャットや電子メールの時代だ。「鴻雁伝書」という表現は大げさになってしまった。

「鴻雁」はガン（雁。「かり」）の総称である。一口にガンと言っても、ヒシクイやカリガネ、マガンなど大小さまざまな種類がある。鴻は大きなガンを、雁は小さめのガンを指す。

紀元前一〇〇年のこと。漢王朝の高官・蘇武は、使者として、モンゴル高原にあった遊牧民族の国・匈奴《きょうど》に渡った。匈奴は長年、漢と戦争を繰り返していた。匈奴の君主は、蘇武の人柄にほれこみ「わしの臣下になれ」と迫った。蘇武は、祖国は裏切れない、と拒否した。匈奴の君主は、蘇武を抑留し、北海（バイカル湖）のほとりの無人地帯に放逐《ほうちく》した。蘇武は、厳しい自然環境のなかで羊を飼い、生き延びた。この「蘇武牧羊《そぶぼくよう》」の故事は、中国では古来、絵画や漢詩、歌曲の題材となってきた。

十九年の歳月が流れた。漢から久しぶりの使者が、匈奴を訪れた。現地で「蘇武は生きている」という秘密の情報を得た使者は、匈奴の君主に会見し、蘇武の解放を求めた。匈奴側は「蘇武は死んだ」とうそを繰り返した。漢の使者は、はったりをかけた。「先日、わが漢の皇帝陛下が、お狩り場で大きな雁を射落とされました。雁の足には、薄絹《うすぎぬ》の手紙がくくりつけてありました。蘇武は大きな湿地帯で生存している、と書いてありました」。匈奴側はしぶしぶ蘇武を解放した。前八一年、蘇武は漢の首都・長安へ生還を果たした。このあたりのことは、昭和の作家・中島敦の短編歴史小説『李陵』にも描かれている。

この故事から、手紙の雅語的表現として「雁書」「雁信」「雁帛《がんぱく》」「雁文」「雁素《がんそ》」「雁札《がんさつ》」などさまざまな漢語が生まれた。「帛」は絹の布、「素」は白い絹。当時、すでに原始的な紙は存在したが（紀元前一五〇年頃の紙が一九八六年に出土している）、まだ一般的な書写材料として普及していなかった。

雁と手紙と言えば、「衡陽雁断《こうようがんだん》」（衡陽に雁断《た》ゆ）という四字成語もある。音信不通になる、という意味の雅語だ。

雁の集団越冬地の南限は、日本では宍道湖《しんじこ》や琵琶湖あたり、中国では湖南省衡陽市の回雁《かいがん》峰《ほう》あたりである。北から飛んできたガンを回頭させる峰、という名前の小高い山で、景勝地である。

さて、十月八日から十月十二日までは、旧暦の「七十二候」の一つ「鴻雁来《こうがんきたる》」（初雁《はつかり》が飛んでくる）である（年によっては若干ずれる）。中国の七十二候では「鴻雁来賓」（鴻雁、来賓《らいひん》す。雁が団体客のように大挙して渡ってくる）と言う。ややこしいことに、中国の七十二候にも「鴻雁来」があるが、これは日本よりひと月早い九月七日から九月十一日までを指す。天然の湯たんぽである海に囲まれた日本より、熱しやすく冷えやすい土の大陸にある中国のほうが、季節の推移は早い。

通信技術が発達した現代でも「回雁峰」は存在する。

集中治療室の入院患者は、患者本人に意識があって家族との連絡を望んでも、携帯電話やメールは使えない。特に、新型コロナウイルスの流行時には、家族も面会できないことが多かった。筆者も、入院中の老母にメモ書きを渡してもらおうと、夜、集中治療室の近くにまで行ったが、結局、果たせぬまま帰ったことがある。アニメ映画『となりのトトロ』では、主人公の幼い姉妹は、夜、入院中の母親に、葉っぱに「おかあさんへ」と書いたトウモロコシを届けることに成功したが、現実は、なかなかそうはゆかない。

人と人の心をつなぐ「鴻雁伝書」のぬくもりと重みは、いつの時代も変わらない。

# 但《ダ》去《レ》莫《カラン》復《タ》問《フコト》、白雲無《シ》尽《クル》時

訳

**ただ去れ、また問うことなからん。白雲、尽くる時なし。**

送別の名句。唐の詩人・王維《おうい》（六九九－七五九、もしくは七〇一－七六一）が、別れる友人に贈った漢詩の言葉。「君と別れるのは残念だが、君の決意は固い。もう余計なことは言うまい。君が目指す道を、まっすぐ進んでくれ。青空には、私たちの思いや前途を象徴するように白い雲がどんどん湧き出る。

「官場の応酬」（「官場応酬」）という言葉がある。「役人どうしのつきあいのやりとり」という意味である。

官場は旧社会の役人の人間関係の世界を指す。現代中国の政界や、中国共産党の幹部の社交界、公務員どうしの世間を指して比喩的に「官場」と言うこともある。

中国語の〝応酬〟は、交際する、もてなす、礼をもってつきあう、ちゃんと応対する、等の意。転じて、つきあい、集まり、飲み会、宴会の意味もある。日本語の「応酬」とは意味用法が違う。

昔の中国の「官場」では、書状や詩を書いて互いに送り合ったり、杯に酒を注いだり注がれたり、さまざまな応酬を行った。

唐の時代、日本から中国に渡った遣唐使の一行も、中国で「官場の応酬」を体験した。遣唐留学生として唐で学び、唐の玄宗《げんそう》皇帝に仕えて高官となった阿倍仲麻呂《あべのなかまろ》（六九八－七七〇）も、王維や李白《りはく》（七〇一－七六二）、儲光羲《ちょこうぎ》（七〇七－七六三）など一流の漢詩人と親しく交わった。王維と儲光羲は、難関の科挙の試験に合格した高級官僚でもあった。李白は、宮廷詩人として玄宗皇帝と楊貴妃《ようきひ》の身近に仕えた。

仲麻呂は長い在唐生活のあと、七五三年に遣唐使とともに日本へ帰ることになった。王維は、送別の漢詩《送秘書晁監還日本国》（秘書晁監《ひしょちょうかん》の日本国《にほんこく》へ還《かえ》るを送《おく》る）を詠み、仲麻呂に贈った。仲麻呂も、お返しの漢詩《銜命還国作》（命《めい》を銜《ふく》みて国《くに》に還《かえ》るの作《さく》）を詠み、王維に贈った。その後、仲麻呂が乗った遣唐使船は、海上で難破した。仲麻呂も死んだ、という悲報が唐に届いた（実は誤報で、船は難破したが仲麻呂は生き残った）。李白は仲麻呂の死を悲しみ、《哭晁卿衡》（晁卿衡《ちょうけいこう》を哭《こく》す）という漢詩を詠んだ。

このように、唐の詩人は友達づきあいが好きで、よく詩を贈った。以下に紹介する王維の漢詩「送別《そうべつ》」も有名で、日本の国語の教科書や漢文の参考書にも採用されている。

下馬飲君酒　問君何所之

馬《うま》より下《お》りて君《きみ》に酒《さけ》を飲《の》ましむ　問《と》う「君《きみ》　何《いず》くにか之《ゆ》く所《ところ》ぞ」と

君言不得意　帰臥南山陲
但去莫復問　白雲無尽時

君《きみ》は言《い》う「意《い》を得《え》ず　南山《なんざん》の陲《ふもと》に帰臥《きが》せん」と
但《た》だ去《さ》れ　復《ま》た問《と》うこと莫《な》からん　白雲《はくうん》　尽《つ》くる時《とき》無《な》し

王維の友人が、役人をやめた。彼は、旅立つ友人を見送った。二人は馬に乗り、長安の都を出る。郊外の別れの場所に到着する。今なら駅とか空港にあたる場所だ。二人は馬をおりる。王維は、送別の杯を友に捧げる。「これからどこに行くのです」と聞くと、友人は答えた。「人生、なかなか思い通りにならないね。長安の都の南にある、終南山のふもとで、のんびり引退生活を送るよ」。それ以上、くどくどとはきかない。見上げれば、青い空を、白い雲が流れて行く。これから離ればなれになるけれど、青空は今後もずっと、自分たちの上でつながっている。雲のように自由に生きる道を選んだ友人の前途を祝福するかのように、あるいは、二人の尽きぬ思いを象徴するかのように、白い雲はずっと湧き出てくる。

王維がこの詩の中で「君」と呼びかけている友人は、誰なのか。「春眠《しゅんみん》、暁《あかつき》を覚《おぼ》えず」の名句で有名な詩人の孟浩然《もうこうねん》（六八九―七四〇）という説もあるが、真相は不明である。

日本の三月は別れの季節だ。卒業、退職、異動。夢に胸をふくらませて新たに旅立つ人もいる。夢が破れて静かに去る人もいる。過ぎたことは気にせず、それぞれの道を進みましょう。空も、明日も、そして希望も、白い雲のように尽きることはないのですから。

# 「天王蓋フ二地虎ヲ一」、「宝塔鎮ム二河妖ヲ一」

**訳** **「天の神は地上のトラをおさえつける」「仏塔は川の妖怪を封じこめる」**

中国人なら知らない人はいないほど有名な、暗号的な合言葉。出典は曲波《きょくは》（一九二三ー二〇〇二）の小説『林海雪原《りんかいせつげん》』（一九五七年刊）で、この小説を上海京劇院が演劇化した革命現代京劇『智取威虎山《ちしゅいこざん》』にも出てくる。現代でも、ネットスラングや、日常生活の会話などで、ユーモアをこめて使われる。

合言葉には、音声認証タイプと問答タイプがある。

『アリババと四十人の盗賊』の呪文「開けゴマ」は、音声認証タイプの合言葉だ。「開けゴマ」は、英語では*“Open sesame”*、中国語では「芝麻開門」など、世界中の言葉に翻訳されている。日本の「山」「川」は、問答タイプの合言葉だ。江戸時代、赤穂浪士は吉良邸に討ち入りする際、夜の闇のなかで同士討ちを避けるため、「山」と言われたら「川」と答える、と仲間内の合言葉を決めた。この事件を芝居に仕立てた『仮名手本忠臣蔵』では合言葉を「天」「河」とする。

「山」「川」のような問答タイプの合言葉を、中国語では「接頭暗号」とか、あるいは単に「暗号」と呼ぶ。この他「口令」（号令の意もある）や「暗語」（隠語や符丁の意もある）と呼ぶこともある。

「接頭」には「つなぎあわせる」「面談して打ち合わせる」「詳しく知っている」などさまざまな意味があるが、この場合は「秘密の仲間どうしで連絡を取り合う」意。中国語の「暗号」は、日本語の「暗号」（中国語では「加密」と言う）と意味用法が違う。

合言葉は本来、軍隊やスパイ、秘密結社、盗賊などが、味方を識別するために使うものだが、中には変わった合言葉もある。

米国の奇術師ハリー・フーディーニ（一八七四－一九二六）は死ぬ直前、妻に「もし死後の世界があったら必ず連絡する」と約束し、連絡が本当に自分からのものであることを証明するため、秘密の合言葉「フーディーニの暗号」（the Houdini Code）を妻だけに教えた。

似た話は中国にもある。創作だが、白居易《はくきょい》（七七二－八四六）の漢詩『長恨歌《ちょうごんか》』の末尾で、死後、仙界にわたった楊貴妃《ようきひ》は、まだこの世で生きている玄宗《げんそう》皇帝へ、メッセージを送った。彼女はメッセージが本物であることを証明するため、生前に玄宗とかわした二人だけの秘密の言葉を添えた。

在天願作比翼鳥　天《てん》に在《あ》りては願《ねが》わくば比翼《ひよく》の鳥《とり》と作《な》り
在地願作連理枝　地《ち》に在《あ》りては願《ねが》わくば連理《れんり》の枝《えだ》と作《な》らん

ここまで壮大でなくても、現代の庶民の恋人どうしが、二人だけの秘密の合言葉「情侶暗号」を決め、会話やSNSのやりとりで盛り上がるのは、普通に見られることだ。

合言葉が思わぬ形で使われることもある。

「文化大革命」の時代に模範劇に指定された現代京劇《智取威虎山》は、実話に基づく小説を舞台化した作品だ。一九四六年冬、中国の東北地方の山の中を舞台に、人民を苦しめる土着の匪賊《ひぞく》(盗賊の集団)と、匪賊を壊滅するためスパイとしてもぐりこんだ人民解放軍の隊長・楊子栄《ようしえい》(一九一七－一九四七)の頭脳戦を描く。映画化もされ、今も人気がある。劇中、匪賊の親玉・座山雕《ざさんちょう》が「天王蓋地虎」(天王《てんのう》、地虎《ちこ》を蓋《おお》う)と合言葉を言うと、匪賊の仲間に変装した楊子栄がすかさず「宝塔鎮河妖」(宝塔《ほうとう》、河妖《かよう》を鎮《しず》む)と答えるシーンがある。天王は、仏教の「四天王」や『西遊記』の李天王と同様、宗教的な守り神を指す。宝塔は仏塔の美称で、『白蛇伝《はくじゃでん》』の白蛇を封じ込めた雷峰塔《らいほうとう》などのイメージである。

最近の新型コロナウイルス感染症の流行で、中国の都市や農村では、感染拡大を防ぐため封鎖や隔離が行われた。住民は、数日に一回だけ買い物の外出を許された。居住区のゲートの監視役は、正式には身分証の提示を求めるが、顔見知りなら合言葉で済ませた。監視役が「天王蓋地虎」と言うと、住民は「宝塔鎮河妖」と答える。互いに心のなかで、自分たちはまるで国共内戦時代の匪賊とスパイのようだと苦笑する。中国人のユーモアである。後半の「宝塔鎮河妖」を、「小猫抓老鼠」(子ネコがネズミをつかまえる)とか「小猫炖蘑菇」(鶏肉とキノコの煮込み。料理名）などと言い換え、ユーモア感をアップすることもある。

中国人はＳＮＳを通じて、合言葉も含めた自分の隔離生活をユーモラスに紹介し、ストレスに耐えた。

合言葉に決まりはない。ネット等から拾って使ってもよいし、自分たちで新しく作ってもよい。親しい友だちや恋人どうしなどで、自分たちだけの合言葉を決めて使うと、盛り上がるかもしれない。

# 斉天大聖、到リテ㆑此ニ一遊ス

**訳**

**斉天大聖《せいてんたいせい》、此《ここ》に到《いた》りて一遊《いちゆう》す。**

孫悟空は暴れん坊だった。天界で暴れまわり、最後は、お釈迦《しゃか》様と勝負した。悟空は觔斗雲《きんとうん》の術を使い、お釈迦様の手のひらの中から外に飛び出し、世界の果てまで行き、五本の巨大な柱を見つけた。ここまで来た証拠に、真ん中の柱に「俺様は旅してここまで来たぞ」と書きつけた。が……

唐の時代、玄奘《げんじょう》（六〇二－六六四）という僧がいた。彼は仏教を研究するため、六二九年に中国を出発、苦難の旅の末にインドまで行き、勉学ののち六四五年に帰国した。玄奘は、インドから持ち帰った仏典を漢訳した。また、旅行中の見聞をまとめて『大唐西域記《だいとうさいいきき》』という書物を著した。仏教の経蔵《きょうぞう》・律蔵《りつぞう》・論蔵《ろんぞう》の三蔵に精通した高僧を「三蔵法師《さんぞうほうし》」と呼ぶ。玄奘も、三蔵法師と呼ばれた訳経僧の一人で、「玄奘三蔵」とも呼ばれる。

東アジアの庶民にとって、玄奘三蔵はお経を通じて身近な存在だった。日本の怪談『耳なし芳一《ほういち》』で、和尚が芳一の体にびっしり書いた『般若心経』も、玄奘がサンスクリット語の原典から漢文に翻訳したお経である。玄奘はなぜ、命をかけて天竺《てんじく》まで旅をしたのか。庶民向けの「講唱《こうしょう》文学」、つまり語り物や歌い物では、三蔵法師(現代中国語では「唐僧」と呼ぶ)が天竺までお経を取りに行く物語を、空想と脚色をまじえ、面白おかしく語った。話は次第にふくらみ、明《みん》(一三六八–一六四四)の時代には、決定版ともいうべき古典小説『西遊記』が成立した。『西遊記』の作者は呉承恩《ごしょうおん》とも言われるが、真相は不明である。

孫悟空、猪八戒《ちょはっかい》、沙悟浄《さごじょう》、玉竜《ぎょくりゅう》(三蔵の乗っている馬の正体は、竜王の王子で、名前は玉竜)が三蔵法師のお供をして、妖怪と戦いながら旅する物語は、こうして生まれた。『西遊記』の「遊」は、「遊行《ゆぎょう》」「外遊」「遊説」の「遊」と同じく旅の意。西の天竺への旅が物語の本編だが、その前日譚《ぜんじつたん》も面白い。

その昔、花果山《かかざん》という山の石の割れ目から、一匹の「石猴《せきこう》」(「猴」はサルの意)が生まれた。石猴は猿山の親分となって「美猴王《びこうおう》」と名乗った。美猴王は、須菩提《しゅぼだい》祖師に弟子入りして「孫悟空」という法名をもらい、神通力に磨きをかけた。孫悟空はその後、竜宮城におしかけて武器を奪い、ますます強くなる。とうとう天界で暴れ、「斉天大聖」(天に斉《ひと》しき大いなる聖《ひじり》。天と同格)という称号を名乗った。

天帝をはじめとする天の神々は、孫悟空に手を焼いた。西天の「仏祖」ことお釈迦様は、孫悟空をたしなめた。悟空は主張した。

「よく『皇帝の位はまわりもち、来年はうちがやる』(皇帝輪流做、明年到我家)と言うが、天帝の位もまわりもちだ。今の天帝には出てってもらう。天宮は俺がもらう」

「ほう、おまえはそんなに強いのか。では、わしと勝負しよう。おまえがわしの右の手のひらの中から外に出られたら、おまえの勝ちだ」

悟空は鼻で笑った。

「俺様が觔斗雲の術を使えば、十万八千里をひとっ飛びだ。行くぜ」

猛スピードで世界の果てまで飛んで行くと、五本の柱が見えた。

「ここまで来た証拠を残しておくか」

悟空は毛を一本抜いて筆に変え、サラサラと「斉《せい》天《てん》大《たい》聖《せい》到《とう》此《し》一《いち》遊《ゆう》」と書き、ついでに立ち小便をして、ふたたび觔斗雲に飛び乗ると、仏祖のもとに戻ってきた。仏祖は言った。

「この小便たれめ。下を見ろ」

悟空が見ると、仏祖の右手の中指に「斉天大聖到此一遊」と書いてあり、親指からは小便のにおいが立ちのぼっていた。

「まさかそんな。もう一度、見てこよう」

悟空がまた飛び出そうとした瞬間、仏祖は手のひらを裏返し、悟空をおさえこんだ。手のひらはそのまま「五行山」という山になった。悟空は山の下に閉じ込められた。

「お釈迦様の手のひら」の故事である。

上には上がいる。世界の果ての向こうには、もっと大きな世界が広がる。それを知った者は、挫折感以上にワクワク感をもつ。一皮むけて、新しい自分を見つける。

五行山に閉じ込められた孫悟空は、五百年後、三蔵法師と出会い、新しい人生を歩み出す。『西遊記』の本編は、ここから始まる。

カフェやゲストハウスには、ときどき、客が自由に感想を書き残すメッセージノートが置いてある。特に感想がないときは「斉天大聖、到此一遊」と書き残してはどうか。あとからノートを見る人のうち、わかる人には、わかるだろう。

# 我這裏出帳外且散愁情！

**訳**

**幕舎《ばくしゃ》の外に出て、しばし愁《うれ》いの心をまぎらわせましょう。**

京劇『覇王別姫《はおうべつき》』の名場面の、独白的な歌詞の一部。「覇王」こと楚の項羽と、漢の劉邦が天下を争った「楚漢戦争」の終盤。項羽の妻である虞美人《ぐびじん》は夜、皓々《こうこう》と輝く月のもと、ひとり戦陣の中を散歩しながら、力強く歌う。男性に付き従う、か弱い女性、という旧来のイメージを一変した名曲。

司馬遷が書いた漢文の歴史書『史記』のなかでも「垓下《がいか》の戦い」のくだりは有名である。紀元前二〇二年の十二月（旧暦）、楚の項羽は、漢王・劉邦と諸侯の連合軍の戦いに敗れ、垓下の地で包囲された。夜、四方の敵陣から、楚の民謡が聞こえた。項羽は「本国は一足先に敵に占領されたのか」と絶望した。「四面楚歌《しめんそか》」の故事である。

彼は酒を飲み、妻である虞美人（現代中国では「虞姫《ぐき》」と呼ぶ）と、愛馬の騅《すい》の行く末を案じて、歌った。

力抜山兮気蓋世　力《ちから》　山《やま》を抜《ぬ》き　気《き》　世《よ》を蓋《おお》う

時不利兮騅不逝　時《とき》利《り》あらずして　騅《すい》逝《ゆ》かず
騅不逝兮可奈何　騅《すい》の逝《ゆ》かざる　奈何《いかん》すべき
虞兮虞兮奈若何　虞《ぐ》や虞《ぐ》や　若《なんじ》を奈何《いかん》せん

抜山蓋世《ばつざんがいせい》の意気と力をもつ俺が、時勢に見放され、このありさま。進まぬ騅を、どうしよう？　虞よ虞よ、おまえをどうしよう？

虞姫も唱和した。項羽は涙を流し、周囲の者も泣いた。

後世の説話によると、虞姫は剣で自分の首を切って自決した。大地に注いだ血だまりから、戦後、花が咲いた。これがヒナゲシ、別名「虞美人草」である。赤い花びらをもち、すらりと咲くこの花は、楚の民謡を聞くと、風もないのにゆらゆらと舞う、という。

項羽と虞美人の物語は、後世、講談や芝居に仕組まれた。昔の京劇『楚漢争』では、項羽が「漢王の劉邦は色好みだそうだ。おまえだけ投降しなさい」と言うと、虞姫は「昔から、忠《ちゅう》臣《しん》は二主《にしゅ》に仕《つか》えず、烈女《れつじょ》は二夫《にふ》に嫁《とつ》がず、と申します」と言い、項羽の剣を借りて自決する。項羽は悲嘆し「あっぱれ、歴史に美名を残したり」と褒めたたえる。

梅蘭芳《メイランファン》（一八九四－一九六一）は京劇の名優だが、旧来の虞姫のイメージを変えた。

一九二一年、新作（当時）の京劇『覇王別姫』（覇王、姫と別る）が上演された。梅蘭芳が演じた虞姫の存在感は圧倒的で、主役の項羽を食ってしまった。梅蘭芳の虞姫は、か弱い人形ではない。絶望的な戦況の中で、夫の項羽を励まし、アドバイスする。夜、夫が休むと、虞姫はひとりマントを着て陣営を散歩し、モノローグ的に歌う。

看大王在帳中和衣睡穏
我這裏出帳外且散愁情
軽移歩走向前荒郊站定
猛擡頭見碧落月色清明

京劇の歌詞は、普通の中国語と漢文の中間のような文体である。意味は――大王様が幕舎の中で（戦時の）服のまま安眠されたのを見届けて、私は外に出て、しばし愁いの情をまぎらせましょう。軽《かろ》やかに歩み、前に進み、荒野にたたずんで、ふと頭《こうべ》をあげて碧落《へきらく》（はるかな大空）を見あげれば、月の色は清《さや》けく明《あき》らかです。

この「巡営《じゅんえい》」の一場のアリアの趣向は、二〇一三年のアニメ映画『アナと雪の女王』の歌「レット・イット・ゴー」と似ている。雪の女王ことエルサも、ひとり、マントを着て月夜の雪山を歩きつつアリアを熱唱し、自分を取り戻す。

虞姫と項羽の最後のやりとりも、梅蘭芳の『覇王別姫』では一新した。これから見る人のためネタバレは自粛するが、二十一世紀の私たちが見ても納得できる女性像だ。

『覇王別姫』は梅蘭芳の代表作の一つとなった。が、彼は外国人の前では、「巡営」の歌や「剣舞い」の技だけを演じ、他の場面は自粛した。自殺を禁じるキリスト教など外国の文化に配慮したからである。

一九五六年、梅蘭芳は来日し、京劇公演を行った。彼は「日本はヨーロッパとは違う。虞姫の自決と項羽の最期《さいご》まで、すべて演じよう」と考え、外国の観客の前で初めて『覇王別姫』をラストまで演じた。日本の観客は涙を流した。第二次大戦で大切な家族を失った記憶は、まだ生々しかった。

一九九三年の香港・中国合作映画『さらば、わが愛／覇王別姫』はフィクションだが、京劇『覇王別姫』をモチーフとしている。

今日では、ネットで「看大王在帳中和衣睡穏」と検索すると、簡単に動画を視聴できる。が、京劇はやはり、劇場で見るのが一番だ。一度でもよいので、生《なま》の舞台を御覧になることをお勧めする。

# 呀呀啐！

## 訳　えいっ、えいっ、ふん！

京劇「貴妃酔酒《きひすいしゅ》」で、酒に酔った楊貴妃（七一九‐七五六）が怒って言い放つセリフ。京劇独特のアクセントをつけて、一字一字区切って、高い裏声で言う。高い裏声で「ヤア、ヤア、ツゥイ！」のように発音する。〝呀〟は、日本でも有名な感動詞〝哎呀〟（アイヤー）の〝呀〟と同じで、発音だけで意味はない。〝啐〟は、侮蔑と叱責を示す感動詞。

一九一九年（大正八）、京劇の名優・梅蘭芳の一座が来日し、東京、大阪、神戸で公演した。京劇の歴史上、初の海外公演であった。

梅蘭芳は、男性でありながら女性の役を演ずる「おんながた」だった。大正時代の日本の観衆は、初めて見る京劇の優雅さと面白さに驚いた。歌人の与謝野《よさの》晶子《あきこ》（一八七八‐一九四二）も、東京の帝国劇場で梅蘭芳の京劇「貴妃酔酒」を見て感動した。

「貴妃酔酒」のあらすじは単純だ。唐の玄宗皇帝の時代。ある夜、楊貴妃は後宮の百花亭で、うきうきしながら玄宗が来るのを待っていた。酒宴のしたくが整い、宦官《かんがん》の高力士《こうりきし》と裴《はい》力士、宮女たちとともに皇帝を待つが、いつまでも来ない。実は、玄宗は約束を破り、楊貴妃のライバルである梅妃《ばいひ》のところに行ったのだ。それを知った楊貴妃は怒り、ひとりで酒を飲んで酩酊《めいてい》する。

ストーリーは単純だが、楊貴妃の心の動きを歌と舞踊で表現する演技は難しい。十代の小娘なら「ひどい！　くやしい！」と涙を流して泣けばよい。しかし彼女は泣けない。数え二七歳で「貴妃」に冊立《さくりつ》されて以来、彼女には皇后に次ぐ後宮のナンバー2《ツー》という矜持《きょうじ》がある。泣きたい気持ちを押し殺し、足腰もたたぬほど痛飲し、ゾッとするほどの目力《めぢから》で宙をにらみ、玄宗をうらみ、宦官や宮女を相手に管《くだ》を巻く。梅蘭芳は、下品になる寸前のギリギリの演技で、アラサー女子の孤独とプライド、一人の女性が一生のあいだに顔に浮かべる喜怒哀楽の表情を、本物の女性以上に表現した。

与謝野晶子は、梅蘭芳の楊貴妃に心酔した。彼女は雑誌『婦人之友《ふじんのとも》』一九一九年七月号に「梅蘭芳に贈る歌」と題する熱烈な詩を寄稿した。

うれしや、うれしや、梅蘭芳／今夜、世界は／（ほんに、まあ、華美《はで》な唐画の世界、）／真赤な、真赤な／石竹の色をして匂ひます。／おお、あなた故に、梅蘭芳、／あなたの美しい楊貴妃ゆゑに、梅蘭芳、／愛に焦れた女ごころが／この不思議な芳しい酒となり、／世界を浸して流れます。／梅蘭芳、／あなたも酔つてゐる、／あなたの楊貴妃も酔つてゐる、／世界も酔つてゐる、／わたしも酔つてゐる、（以下省略）

与謝野晶子の自選歌集『太陽と薔薇《ばら》』（アルス、一九二一年一月）にも以下のような和歌がある。

高力士候ふやとも目を上げて云《い》ひ出でぬべき薔薇の花かな（『太陽と薔薇』三ページ）
旅にして沈香亭の欄干にあらざるものへ寄れば寒かり（同四ページ）
夏の空梅蘭芳（メイランフワン）の顔見ゆと月の上れば人のささめく（同六ページ）
目閉づれば梅蘭芳の幻の見ゆるおのれもめでたかりけれ（同六三ページ）
撫子は梅蘭芳の酔へる顔高力士をばちやうと打つ顔（同一五〇ページ）
わが肩に柳の触れておもふかな梅蘭芳の玉のかんざし（同一九三ページ）

それぞれの大意を、現代の言葉で言い換えると以下のとおり。

「高力士卿家在哪裏呀？」（高力士、そなたはどこにおる）と楊貴妃が酔眼《すいがん》を開いて歌う京劇の歌詞を今にも口にしそうなほど、妖艶《ようえん》に咲いている薔薇の花ですね。

旅先の私がもたれかかっている宿屋の窓の欄干は、楊貴妃が寄りかかった沈香亭の豪華な欄干とは大違いで、寒々としてわびしい。

夏の夜空にのぼった月を見て、梅蘭芳の美しい顔に見える、とささやく人がいる。

まぶたを閉じると、梅蘭芳の面影が焼き付いている。そんな私って、けっこうイケてるんじゃないかしら。

ピンクと白のグラデーションのナデシコの花は、梅蘭芳の酔った楊貴妃の顔。「呀、呀、啐！」と言いながら、まず高力士の右頬を、次に左頬を、最後に両頬をたたくときの、あの表情。

柳の下をくぐり、しなやかな枝が一本、一本、ひものれんのように私の肩をなでる感触を味わう。梅蘭芳の楊貴妃がかぶる鳳冠《ほうかん》の垂れ飾りが彼の肩をなでる感触も、きっとこうなのね。……

日露戦争のとき「ああ、弟よ、君を泣く、／君死にたまふことなかれ。」云々という詩を詠んだ与謝野晶子と同一人物とは思えぬほど、梅蘭芳にメロメロである。

作家の永井荷風（一八七九－一九五九）も梅蘭芳の楊貴妃を観劇し「我邦現時の演劇に比すれば遥に芸術的品致を備へ、気局雄大なることまさに大陸的なりといふべし。余は大に感動したり」云々と『断腸亭日乗』で激賞した。梅蘭芳に心酔した日本人は、多い。

舞台は一瞬だが、感動の記憶は永く残り、詩や和歌などの作品になる。芸術のエネルギーは面白い。

# 2

# 人生をつむぐ暦

時の流れは螺旋《らせん》状です。直線ではありません。朝、昼、夕、夜の次は朝。春、夏、秋、冬の次は春。これは循環性です。今朝は昨日とちょっと違う。今春は去年と少し変わっている。これは一回性です。

一回性と循環性をミックスした形。それが螺旋です。

「暦」と「歴」の字源は示唆的です。繁体字ではそれぞれ「曆」「歷」と書きます。

「暦」と「歴」の共通の古字は「厤《れき》」です。順序よく並べる、という意味です。「秝」は整然と積まれた禾穂《いなほ》の束の山を、「厂《がんだれ》」は穀物倉の屋根を示します。

古代中国人は、農作物のイネ科植物を「禾《か》」と書きました。訓読みは「禾《いね》」とか「禾《のぎ》」ですが、本来はアワ、ヒエ、キビ、ムギ、イネなど禾穀《かこく》類の総称です。古代人にとって「禾」の収穫は、次の一年の命をつなぐための大切な作業でした。「年《ねん》」は「稔《ねん》」（稔《みの》り）と同源です。手近な漢和辞典の字源の説明にも載っていますが、甲骨文字や金文など古代文字の「年」は、「禾」の下に「人」を加えたものです。漢文では「稔」を年の意味に、「年」を稔りの意味に使うことがあります。

古字「厤」は、時代がくだると、時の循環性である月日のめぐりを順序立てたものを「暦」、時の一回性である事績の記録を順序だてたものを「歴」、と書き分けられるようになりました。

履歴、歴史、歴訪の歴は一回性です。個人の経歴も、世の歴史も、順序立てた記録して蓄えることで、明日を生きるための教訓が「歴然」と見えてきます。

禾と同様、思い出を束ねて順序だてて蓄えることも、明日を生きるために必要です。

私たちの先祖が使っていた暦、いわゆる旧暦では、毎年の呼び方は六十干支でした。甲子から始まり、六十年たつとまた最初の甲子に戻る。その循環が永遠に続く。

現代人の暦は西暦です。毎年の呼び方は数字を並べた通し番号で、時間の一回性が強調される。

この第二部では、季節のめぐり、時代の変化など、時の流れを念頭に置いて言葉を集めました。

私たちも歴史のなかで、自分の一度きりの人生を、一度しかない今の自分を、日々生きています。先祖の人生をつむいだ旧暦の感覚を思い出す。一回性と循環性という時の推移がもつ二つの顔を見つめ直す。そのうえで漢文を読むと、自分が生きる人生と古人が歩んだ人生が自然に結びつき、明日を生きる糧《かて》になるかもしれません。

# 兎と不老長寿

# 猴年馬月

## 訳　一体いつになったら

直訳は「申年《さるどし》の、午《うま》の月」。漢文では、旧暦五月を「建午月《けんごげつ》」という雅称で表現することがある。「猴年馬月」の字義どおりの意味は「十二年に一度めぐってくる申年の、旧暦五月」だが、中国語の会話では「実現がいつになるか、まったくわからない」という悲観的な気持ちをこめて「あてにできない将来の期日」の象徴として使う。

今の日本人にとって十二支は年賀状で使うくらいだが、そもそも旧暦では「子・丑・寅・卯・辰・巳・午・未・申・酉・戌・亥」の十二支だけでなく、これを「甲・乙・丙・丁・戊《ぼ》・己・庚・辛・壬《じん》・癸《き》」の十干と組み合わせて「六十干支」とし、年次のみならず「月」や「日」も六十干支で表した。

例えば、江戸時代から大正くらいまでの日本では、六十日ごとに来る「庚申」（こうしん。かのえさる）の日は、夜通し眠らずに翌朝まで起きているという「庚申待《こうしんまち》」の習俗があった。「見ざる、聞かざる、言わざる」のいわゆる「三猿」（さんえん。さんざる）の絵や彫刻は、ユーラシア大陸の東西に広く分布する意匠だが、日本ではこの庚申信仰とも結びついた。この「庚申の日」のように、通日《つうじつ》を六十干支で表記する干支紀日法《きじつほう》は、紀元前十四世紀ごろの殷《いん》王朝（中国では「商朝」と呼ぶ）の甲骨文から続く、古い風習だ。

これに対して、例えば二〇一六年を「丙申の年」とするような干支紀年法は、約二千年前の漢の時代から始まった。また「申」に「サル」という動物をあてるような「十二生肖《じゅうにせいしょう》」の習俗は、現存の出土資料では秦の時代から確認できる。

昔の東アジアでは、十二支を方角や時刻の表記にも使った。北（子の方角）と南（午の方角）を結ぶ線を「子午線《しごせん》」と呼ぶのも、空の太陽がちょうど午の方角にある時刻を「正午」と言うのも、昔の名残だ。

旧暦では五月を「午の月」とする。その理由は、夜空の北斗七星と関係がある。

西洋の星座では北斗七星を大きなクマに見立てるが、東アジアでは巨大な「ひしゃく」に見立てた。古代人にとって、北斗七星は、月と並ぶ天然の時計だった。「ひしゃく」の取っ手にあたる「斗柄《とへい》」の部分は、時計の針だった。宵《よい》の口、北の星空を見上げて、北斗七星の斗柄の指す方角が東なら春、南なら夏、西なら秋、北なら冬。もう少し細かく言うと、斗柄が北（子の方角）を指す「建子月《けんしげつ》」なら仲冬すなわち旧暦十一月。斗柄が南（午の方角）を指す「建午月」なら仲夏すなわち旧暦五月。その他の月についても同様。

さて、現代中国人の会話では「サル年の旧暦五月」は「いつになったら実現するか、わからない日付」の比喩として使われる。例えば、

「中文這麼難！　按照目前的進度学習的話、猴年馬月才能学会呀！」（中国語はこんなに難しい。今のペースで勉強するなら、一体いつになったらマスターできることやら）とか、

「你打算什麼時候成家呀？」「這可不好説、猴年馬月吧。」（「君はいつ身を固めるつもりだい」「なんとも言えないけど、申年の午の月かなあ（結婚する予定は全然ない、の意）」）のように。

日本でも、人から「君は何年の生まれ？」「誕生日はいつ？」と訊《き》かれて答えたくないとき、「私はネコ年の生まれなの」とか「私の誕生日は二月三十日よ」などと答えてはぐらかすことがある。グレゴリオ暦の二月三十日はありえない日付だ。

これに対して「猴年馬月」は十二年ごとに必ず来る。なぜ、確実に来る「猴年馬月」という日付が「いつ来るかわからない日時」の象徴として使われるのか。その語源は不明で、この言葉を使う中国人も理由を説明できない。ただ、筆者のにらむところ、たぶん仏教の言葉「心猿意馬」（「意馬心猿」とも。日本語の「意馬心猿《いばしんえん》」〔煩悩のために心情が抑えがたく動くことを、走る馬・騒ぐ猿に例えた語〕と同義）と関係があると思われる。

わが人生を振り返ると「猴年馬月」になってしまったことが、いくつもある。恥ずかしい。編集者に「書きます」と約束したのに、まだ書けず、何か月も、何年も待ってもらっている原稿もある。それらを全て書き終えて、せいせいできる予定日は……「猴年馬月」である。

# 三人成レス虎ヲ

**訳** **「三人、虎を成す」。根も葉もない噂も、多数の人が口にすると本当と思われてしまう。**

野生のトラが、都市の中心部にある市場にあらわれることは、ありえない。しかし、もし多数の人が「トラが市場にあらわれた」と話題にするなら、知らない人は、てっきり本当に起きたことだと思ってしまう。同様に、根も葉もない噂や中傷も、人々の口にのぼるうちに本当のように思われてしまうので要注意である、という意味。

旧暦一月は別名「建寅月《けんいんげつ》」で寅の月にあたる。今回はトラを取り上げる。

トラは恐ろしい猛獣だ。トラの頭の形を描いた部首「虍」(とらがしら)に爪の形を描くと「虐《ぎゃく》」(虐《しいた》げる。虐《いじ》める)という漢字になる。「虍」と「豕」(ブタやイノシシ)に部首「刂」(立刀《りっとう》)を添えると「劇」(はげしい)という漢字になる。昔の中国では、野生のトラの鋭い爪や、刀のような牙にかかって命を落とす人も少なくなかった。

儒教の経典『礼記《らいき》』に載っている話。孔子が弟子たちと泰山《たいざん》のそばを通りかかると、墓の前で声をあげて泣いている婦人がいた。孔子が事情を尋ねると、婦人は「以前、義父がトラに殺され、その後、夫がトラに殺され、今またわが子がトラに殺されてしまったのです」と答えた。孔子が「なぜこの地を去らないのか」と聞くと、婦人は「苛政《かせい》がないからです」と答えた。苛政とは、税金の過酷な取り立てなど、むごい政治をいう。孔子は弟子たちに「諸君、おぼえておきなさい。苛政はトラよりも獰猛《どうもう》なのだ」と言った。

原文の孔子の言葉「苛政猛於虎也」は、日本語でも「苛政は虎よりも猛《もう》なり」ないし「苛政は虎よりも猛《たけ》し」ということわざになっている。

「三人成虎」は、噂の心理的な罠《わな》について述べた成語だ。前一世紀に成立した書物『戦国策』に載っている話。古代中国の戦国時代（前四〇三～前二二一）、天下は分裂し、国どうしは戦争や同盟を繰り返していた。魏の国の太子が、人質として、趙の国に送られることになった。魏王の家来の龐葱《ほうそう》が、太子のつきそい役を命じられた。出発する前、龐葱は魏王に申し上げた。「もし今『市場《いちば》にトラがあらわれました』と言う者が一人いたら、王様はお信じになられますか」。古代中国の都市は、城壁で囲まれていた。野生のトラが、都市の中にある市場に突然出現することは、ありえない。魏王は「信じない」と答えた。龐葱は「では、そう言う者が、もし二人いたら」と聞いた。魏王は「ひょっとしたら、と疑う」と答えた。「では『市場にトラがあらわれました』と申す者が三人いたら」「信じてしまうだろうな」「市場にトラが出現するなんて、常識で考えれば、根も葉もないデマであることは明らかです。しかし、そんなウソですら、三人の口から聞くと本当に思えてしまうのが、人の心理でございます。趙の国の都は、わが国の市場よりずっと遠く離れております。私が出国したあと、私についてあれこれ讒言《ざんげん》する人間の数は、三人よりも多いことでしょう。王様、どうかそこのところを、お含み置きくださいますよう」。魏王は「わかった」と答えた。龐葱が出国したあと、果たして、龐葱についての非難や中傷が王の耳に届いた。王は龐葱を疑った。後に人質の太子と龐葱は無事に帰国したが、魏王は、龐葱には会おうとしなかった。

　さて、時代がくだり、人間の生活圏が広がるにつれ、トラは数を減らした。中国の中・南部の野生の華南トラは、一九六〇年代を最後に目撃例が絶えた。中国東北部のアムールトラ（中国語では「東北虎」）も絶滅危惧種だ。二〇〇七年、陝西《せんせい》省の山林で野生の華南トラの撮影に成功した、というニュースが世界をめぐったが、発表された写真は後に捏造《ねつぞう》だと判明した。市場どころか、山林にトラがあらわれた、というのがデマという時代になった。

　その一方「三人、虎を成す」という人間心理の落とし穴は深刻化している。インターネット時代の今日、ＳＮＳで、根も葉もない噂や中傷を面白がって「クリック」して瞬時に「共有」する人の数は、三人どころではない。「虐」にごんべんをつけた「謔《ぎゃく》」という字は、冗談とかふざけるという意味だ。言葉は怖い。ふざけてネットに流した言葉が、トラの爪のように人を傷つけることも多い。謔は虐なり。ネットデマは虎よりも猛なり。私もあなたも、気をつけねばならない。

# 雪ハ擁シテ二藍関ヲ一馬不レ前《すす》マ

**訳**

**雪が藍田《らんでん》の関所に深く降りつもり、馬も前にすすめない。**

大雪が降りつもり、交通が麻痺《まひ》して動けなくなった情景を詠んだ名句。出典は、唐の時代の文豪で政治家でもあった韓愈《かんゆ》（七六八―八二四）の漢詩。当時、彼は左遷されて南の最果ての地に飛ばされた。馬で出発した彼は、長安の都（現在の陝西省西安市）を出て約三十キロメートル離れた藍田の関所で、大雪のため立ち往生した。

名文家の韓愈は「推敲《すいこう》」の故事で有名である。貧乏詩人の賈島《かとう》が「『僧《そう》は推《お》す月下《げっか》の門《もん》』と『僧は敲《たた》く月下の門』。どっちがいいか」とロバに乗って苦吟するうちに、唐の都・長安の長官であった韓愈の行列につっこんでしまった。韓愈は「『敲く』のほうがよかろう」とアドバイスし、身分の高下を忘れて、賈島と詩を論じあった。

西暦八一九年の正月、皇帝の憲宗《けんそう》は、中国の寺でまつられていた「仏舎利」（釈迦の遺骨）を宮中に迎え、供養しようとした。刑部侍郎《けいぶじろう》（法務次官）になっていた韓愈は「中国の皇帝陛下が、外国人の骨に頭を下げるべきではありません」と反対した。憲宗は熱烈な仏教信者だったので、激怒した。韓愈は左遷され、即刻、長安から直線距離で約千四百キロメートル離れた潮州に刺使《しし》（今の県知事に相当）として赴任するよう、命令された。

数え年で五十二歳の韓愈は、寒風のなか、長安を出発した。三十キロメートルあまり離れた藍田の関所で、大雪のため立ち往生した。韓愈の甥《おい》の息子の韓湘《かんしょう》（七九四−？）は、雪をかき分け、見送りに来た。韓愈は「左遷《させん》せられて藍関《らんかん》に至《いた》り姪孫湘《てつそんしょう》に示《しめ》す」という七言律詩《しちごんりっし》を詠み、彼に与えた。

《左遷至藍関示姪孫湘》

一封朝奏九重天
夕貶潮州路八千
欲為聖明除弊事
肯将衰朽惜残年
雲横秦嶺家何在
雪擁藍関馬不前
知汝遠来応有意
好収吾骨瘴江辺

一封《いっぷう》朝《あした》に奏《そう》す　九重《きゅうちょう》の天《てん》
夕《ゆう》べに潮州《ちょうしゅう》に貶《へん》せらる　路《みち》八千《はっせん》
聖明《せいめい》の為《ため》に弊事《へいじ》を除《のぞ》かんと欲《ほっ》す
肯《あえ》て衰朽《すいきゅう》を将《もっ》て残年《ざんねん》を惜《お》しまんや
雲《くも》は秦嶺《しんれい》に横《よこ》たわりて　家《いえ》何《いず》くにか在《あ》る
雪《ゆき》は藍関《らんかん》を擁《よう》して　馬《うま》前《すす》まず
知《し》る　汝《なんじ》が遠《とお》く来《きた》るは応《まさ》に意《い》有《あ》るべし
好《よ》し　吾《わ》が骨《ほね》を収《おさ》めよ　瘴江《しょうこう》の辺《ほとり》に

大意は——ある朝、上奏文を一通、九重《きゅうちょう》（宮中のこと）の天子に奉った。その日の夕方、私は八千里（約四千キロメートル）離れた潮州への左遷の辞令を受け取った。聖明なる天子のために旧弊を排除したかったのだ。老いさらばえたこの私が、人生の残りの歳月を惜しいとは思わない。眼前には、雲がたなびく秦嶺《しんれい》山脈が広がる。わが家はどこか、見えない。雪は藍田の関所をうずめ、私の馬も前に進めぬ。韓湘、よく来てくれた。わかっているぞ。お前が遠くから来てくれた理由は、きっと思うところ（今生《こんじょう》の別れの予感）があるのだろう。よし。お前に頼もう。私が、毒々しい瘴気《しょうき》がたちこめる亜熱帯の川辺で死んだら、私の骨を拾ってくれ。

現在の潮州市は経済発展を遂げた大都会だが、唐の時代は、人食いワニが多数生息する大河が流れる最果ての地だった。韓愈は左遷先でも頑張った。ワニを駆除し、奴隷を解放し、学校を建て、善政を行った。民衆は感謝し、現地の大河を韓愈にちなみ「韓江」と改名した（今もそう呼ばれる）。韓愈を左遷した憲宗は、翌年の八二〇年に死んだ。韓愈は罪を許されて都に戻り、朝廷の高官に返り咲き、八二四年に死去した。

韓愈を見送った韓湘は、八二三年に超難関の科挙の試験に合格し、出世した。韓湘は、中国最高の八人の仙人「八仙《はっせん》」のひとり「韓湘子」になった、という民間伝承もある。

東洋の気骨の士は、古来、韓愈のこの詩を愛誦《あいしょう》した。日本にもこんな挿話がある。織田信長は、家来の稲葉《いなば》一鉄《いってつ》を茶室に呼んで暗殺しようとした。茶室の掛け軸には「雲横秦嶺家何在、雪擁藍関馬不前」という漢文が書いてあった。一鉄は、この詩句の意味を解説した。静かな雪景色。主君との意思疎通の蹉跌《さてつ》。恨みや絶望を超越した韓愈の覚悟……茶室の壁の後ろで聴いていた信長は、一鉄の教養に感動し、暗殺をやめた（『常山紀談《じょうざんきだん》』および『名将言行《めいしょうげんこう》録《ろく》』）。

稲葉一鉄も韓愈も、人生の窮地から返り咲いた。その意味で「雪擁藍関馬不前」は、めでたい句と言えよう。

# 二月ノ春風ハ似タリ二剪刀ニ一

## 訳　旧暦二月の春風はまるでハサミのようだ。

自然の働きは神秘的だ。旧暦二月の仲春《ちゅうしゅん》の風は、まだちょっと肌寒さを残しているが、まるで目に見えないハサミのようだ。二月の風が吹くと、木の枝から新しい葉が、ハサミで剪定《せんてい》されたように綺麗《きれい》に生えそろい、春めいた新緑の装いが整う。あらゆる命は、めぐる季節の流れの中で適切に変化しつつ生きるようにできている、という意味。

旧暦の一月・二月・三月は「孟春」「仲春」「季春」とも呼ばれる。現代の日本語では「初春・仲春・晩春」とも言う。旧暦と新暦は、年によって違うが、おおむね一か月程度違う。

毎年「仲春」の時分になると、冬のあいだ姿を消していた生き物たちが現れる。草や葉の緑が復活し、あちこちで色あざやかな花が咲く。自然の景観は一気ににぎやかになる。植物も動物もヒトも、まるで命の中に目に見えぬ目覚まし時計がセットされているかのように、時が来ると変化する。古来、鋭敏な感覚をもつ詩人たちは、ここに大自然の神秘を見出《みいだ》した。

唐の時代の詩人・賀知章《がちしょう》（六五九－七四四）も、《詠柳》（柳《やなぎ》を詠《えい》ず）という七言絶句で、大自然の妙《みょう》を詠んだ。

碧玉粧成一樹高　碧玉《へきぎょく》　粧《よそお》い成《な》りて　一樹高《いちじゅたか》し
万条垂下緑糸條　万条《ばんじょう》　垂《た》れ下《くだ》る　緑糸《りょくし》の條《とう》
不知細葉誰裁出　知《し》らず　細葉《さいよう》は誰《たれ》か裁《た》ち出《い》だす
二月春風似剪刀　二月《にがつ》の春風《しゅんぷう》は剪刀《せんとう》に似《に》たり

大意は――仲春の季節。それまで裸で寒々としていた水辺の柳の木が、いつのまにか、春の装いを済ませている。何千、何万という細長くしなやかな枝は、緑色の糸で織りなした真田紐《さなだひも》のように垂れ、春の風にそよぐ。そんな柳の木が、細工をほどこした緑色の宝石か、あるいはすらりとした美少女のように、水辺にすっくと立っている。この、精緻な緑の切紙細工を作った名工は、いったい誰か。ああ、わかった。二月の風だ。まだ肌寒さを少し残す風が、ハサミのように葉を裁ち切り、見事な作品を仕上げたのだ。

「碧玉」は、緑色の宝石を指す一般名詞であると同時に、四世紀ないし五世紀ごろ実在した美少女の名前でもある。賀知章は、新緑の色合いと、葉や枝が春風にしなやかに動くさまを少女の艶《なま》めかしい姿態《したい》になぞらえ、「碧玉」云々《うんぬん》と詠んだ。

中国史の歴代の美女の中でも、「碧玉」は思春期少女のイメージが強い。例えば、南北朝時代の作者不明の漢詩《碧玉歌《へきぎょくのうた》》は、東晋《とうしん》の文人・孫綽《そんしゃく》（三一四－三七一）の作という説もあるが、春情を詠った名作である。

碧玉破瓜時　碧玉《へきぎょく》　破瓜《はか》の時《とき》
郎為情顚倒　郎《ろう》は為《ため》に情《じょう》　顚倒《てんとう》す
感郎不羞郎　郎《ろう》に感《かん》じて郎《ろう》に羞《は》ぢず
回身就郎抱　身《み》を回《めぐ》らして郎《ろう》に就《つ》いて抱《いだ》かる

大意は――碧玉が数え十六歳の時。彼女の魅力のために、男の胸は高鳴る。彼の心に感動した少女は、恥じらいを捨て、身をひるがえし、彼の腕のなかに飛び込む。

「破瓜」という漢語は、「瓜」という漢字を縦に二分すると二つの「八」の字になるところから、いわゆる「二八の春」（十六歳の青春の年頃）を意味する。しかし近世以降、中国でも日本でも「破瓜」という語は「女性の〝破身〟（処女を喪失すること）」という誤った意味で使われるようになってしまった。なお、男性の六十四歳を（八の二乗という意味で）「破瓜」ということもあるが、その用例は比較的少ない。

ときどき「こんなに頑張っているのに、芽が出ない」とか「世間の風は冷たい」と嘆く人がいる。しかし「二月の春風は剪刀に似たり」。多少の逆風は、自分を剪定してくれるハサミだ。仕事や勉強や人間関係が煮詰まってしまっても、焦らずに、自然体でコツコツ努力していれば、いつかきっと二月の春風が吹いてきて、希望が芽吹き、才能が開花し、あっというまに諸事万端、綺麗に整う日がくる。そう信じて、お互い頑張りましょう。

# 玉兎搗《つ》クレ薬ヲ

**訳**

**月のウサギは、臼を杵《きね》でついて、不老長寿の薬を作っている。**

月の影の形の正体はウサギである、という言い伝えを述べた成語。夜空の満月を見ると、白く明るく輝く部分と、暗い影の部分に分かれている。この影の形について、中国では古来さまざまな説話が語り継がれてきた。一説によると、月に住むウサギが手（前足）で杵を持ち、臼の中の薬草をついて不老長寿の薬を調合している姿である、という。

旧暦二月は別名「建卯月《けんぼうげつ》」で卯《う》の月にあたる。今回はウサギを取り上げる。十二支の漢字の配列は植物の生育過程を反映している、という説がある。子《ね》は種子、丑は紐《ひも》のような芽、寅は「引」と同音で伸びた茎、卯は「茂」（漢音はボウ。呉音はム、モ）に通じ、葉が繁茂するさま。もしこの説が正しいのなら、ウサギは多産の草食動物なので、イメージのつながりとして自然である。ちなみに、ベトナムの十二支では卯はウサギではなくネコをあてる。

古来、中国人にとってウサギは身近な動物であり、成語も多い。

「守株待兎」という成語は、直訳すると「株を守ってウサギを待つ」だが、日本語のことわざでは「株を守る」という。地面をかけていたウサギが、偶然、切り株にぶつかって死んだ。それを見ていた農夫は、労せずしてウサギの肉と皮を手にいれた。農夫は働くのをやめ、切り株に次のウサギがぶつかるのを待ち続けた。しかし、そんな幸運は二度と訪れず、国中の笑いものになった。『韓非子《かんぴし》』に載っているこの寓話は、昔の成功体験にこだわって今の現実が見えない人を風刺している。

「狡兎三窟《こうとさんくつ》」の直訳は「ずる賢いウサギは、三つの隠れ穴をもつ」。用心深い悪人は、逃げ場所や隠れ場所を周到に準備しておく、という意味である。

ピョンピョンと高く跳びはね、逃げ場所を確保するのにたけているウサギは、古来、天空の月の中にも隠れている、と言い伝えられてきた。

日本では、月の影の形を、ウサギが餅をつく姿に見立てる。

中国では「玉兎搗薬」と言って、ウサギが臼と杵で薬を作る姿に見立てる。学校の理科の実験で、固形の材料をすりつぶして混ぜ合わせるとき、乳鉢と乳棒を使う。昔の薬の作り方も同様で、薬草などの材料を、小型の臼の中に入れて杵でついて砕いて混ぜたり、薬研《やげん》という舟の形をした器の中に入れて車輪でゴリゴリとすりつぶした。

なぜ、月にウサギが住んでいるのか。古来、さまざまな説話が伝えられている。

仏教系の説話では、ウサギは「捨身供養」を行い、その功徳で月にのぼったとされる。日本の『今昔物語集』に収める話によると――今は昔、天竺《てんじく》にウサギとキツネ、サルがいて、修行をしていた。これを知った帝釈天《たいしゃくてん》は、彼らを試すため、老人に姿を変えて地上におり「食べ物をめぐんでください」と言った。サルは木にのぼって実を取ったり、里から農作物をもってきた。キツネは、人の供え物をもってきた。ウサギは、老人に頼んで焚火《たきび》をしてもらうと、こう言った。「私は、食べ物をもってくることができません。私の体を焼いて食べてくださいますよう」。言い終わるやいなや、ウサギは火の中に飛び込み、焼け死んだ。

帝釈天は元の姿に戻ると、焼け死んだウサギの形を月の中に移し、あまねく一切の衆生が見て思い出せるようにした。月の影に雲のようなものがあるのは、ウサギが火に焼けた煙である。

中国の漢訳仏典や、インドの『ジャータカ』第三一六話にも同様の説話を載せるが、結末は違う。焚火の火は「老人」の神通力によって熱をもたなかったため、ウサギは死なずに済む。のみならず、このウサギこそ、ブッダこと釈迦の前世の姿の一つだった、という一種のハッピーエンドになっている。ウサギの友達も、インドでは「サル・ジャッカル・カワウソ」、中国では「サル・キツネ・カワウソ」と、日本より多い。ちなみに『ジャータカ』では、帝釈天はウサギの優れた行いが永遠に知られるようにするため、山を圧縮して山の汁をしぼりとり、月面にウサギの姿を描いた、と伝える。

中国の道教系の説話では、月には嫦娥《じょうが》という美しい女神が住んでいるが、天帝の怒りに触れて罰を受け、ウサギに姿を変えて神々のために薬を作る労働に従事している、とされる。

この他、道教系と仏教系が混交した説話など、さまざまな異説が伝えられている。月のウサギが作っているのが不老長寿の薬というのは中国的であるし、ウサギが焼け死ぬという悲劇的結末を好むのは日本的である。同様の説話を比較すると、それぞれのお国柄が見えてくる。

# 郷人ノ儺《だ》ニハ、朝服シテ而立ツ㆓於阼《そ》階《かい》ニ㆒

## 訳　村人の「鬼《おに》やらい」は、正装して玄関に出て迎える。

「郷人の儺には、朝服して阼階に立つ」は『論語』の言葉。孔子（前五五二？／前五五一？－前四七九）は天下に名を知られた礼の権威だったが、地元の田舎の民間行事を馬鹿にせず、積極的に参加した。村の「鬼やらい」の行列が練り歩くときも、孔子は朝廷に出仕するときの礼装をまとい、主人が自宅に上客を出迎える作法にのっとり、東側の階段に立って恭《うやうや》しく迎えた。

「鬼は外、福は内」と大声で豆をまく風習は、古代中国の「儺」の儀礼にまでさかのぼる。漢字「儺」は、人と（災）難を並べた会意文字で、漢音は「だ」、呉音は「な」、訓読みは「おにやらい」である。「鬼《おに》を遣《や》らう」とは、邪悪な物《もの》の怪《け》たちを追い払うという意味だ。

古代の民衆は、農作物の不作や、疫病、その他もろもろの災厄は、目に見えない「鬼」の邪気のせいだと考えた。中国の「鬼《き》」は、妖怪や幽霊、その他のお化けを広く指す言葉である。現代日本の「鬼《おに》」とは違う。頭に角、髪の毛はパーマ、口に牙、腰には虎のパンツ、手にはいぼつきの金棒、という毛深いマッチョな鬼のイメージは、近世以降の日本で普及したものだ。

孔子の時代の農村の「鬼やらい」の行列については、絵も資料も残っていない。たぶん、日本の「なまはげ」のような怖い仮面をかぶり手に刃物を持った人物が、村の中を練り歩き、目に見えぬ物の怪たちを脅《おど》かして村の外に追い出す、という行事だったのだろう。

儒教の経典『周礼《しゅらい》』によると、今から三千年前の周王朝の宮中には「方相氏《ほうそうし》」という厄払いの役人がいた。宮中の「鬼やらい」では、方相氏は熊の皮をかぶり、黄金色の四つ目を描いた四角い仮面をつけ、黒い服と朱色の裳《も》を着用し、手に「戈《か》」（古代中国の武器）と盾を持った。そんな異形の扮装《ふんそう》をした方相氏は、小役人たちをしたがえて宮中の中を練り歩き、目に見えぬ魔物たちを宮廷の外に追い払った。

方相氏は、「方相」（方形すなわち四角い面相）の「氏」（古代の世襲制による職能集団。現代の敬称「氏」ではない）という意味である。方形は「品行方正」の「方」に通じ、正義の象徴。四眼は、邪気を払う目力《めぢから》の呪術的象徴である。

方相氏の儀礼は、遣唐使によって日本の宮中に輸入された。唐との交流が衰えた九世紀中ごろ、日本の「鬼やらい」は仏教や神道、陰陽道《おんみょうどう》の思想と微妙に混じり合い、「追儺《ついな》」の儀礼に変化した。正義の味方だった方相氏は、日本では悪役になり、人間たちから「鬼《おに》」として追い払われる側になった。この逆転の理由には諸説あるが、要するに、日本人には方相氏の四つ目の仮面が不気味に見えたらしい。実際、四つの目をもつキャラクターは、中国の説話では方相氏とか漢字を発明した蒼頡《そうけつ》など「善玉」であるが、日本のテレビアニメでは『黄金バット』のナゾーとか『創聖のアクエリオン』の音翅《おとは》など「悪玉」である。

中国の「鬼やらい」は、都市部ではすたれて久しいが、農村部では祭りの行列や仮面劇の中に残っている。日本では、平安神宮など古い歴史をもつ寺社の「追儺」の儀式で、古代中国さながらの方相氏の扮装を二十一世紀の今も見ることができる。

さて、「鬼やらい」は年末に行い、一年のあいだにたまった邪気を払う儀礼だった。古来、東洋の占いでは、四柱推命などもそうだが、新年の始めを旧暦一月一日ではなく、立春とする考えかたがあった。「鬼やらい」は旧暦の年末に行うものだったが、日本では中世から、占いにおける年末である立春の前日にするようになった。暦では、四季のそれぞれの最初の日を「立春、立夏、立秋、立冬」と呼び、それぞれの季節の最後の日を「節分《せつぶん》」と呼ぶ。節分は一年に四回あるが、江戸時代以降の日本で単に「節分」と言うと、もっぱら立春の前日、つまり、占いにおける一年の最後の日を指す。

今の日本では、節分の日に、大人が鬼の面をかぶり、子供たちが「鬼は外、福は内」と叫びながら豆をまく。現代人は忙しい。町内会で節分の「子供豆まき会」を行っても、仕事が忙しくて参加できない親や、塾通いのため参加しない子供も多い。二千五百年前の孔子は、地元の「鬼やらい」に本気で参加した。今の私たちも、自分が住む地域の行事は、なるべく大切にしたいものである。

# 葉公好ムレ竜ヲ

**訳**

**葉公《しょうこう》、竜《りゅう》を好《この》む。うわべだけの愛好者は、本物を前にすると委縮する。**

昔、楚《そ》の葉公は竜のデザインを好んだ。身の回りの品物や部屋を、竜の絵で埋め尽くすほどだった。だがあるとき、本物の竜が葉公の目の前に現れると、彼は悲鳴をあげて逃げ出した。同様に、ふだん口先では立派な物事を好むような言動をしている人でも、いざ本物を目の前にすると往々にして怖がって委縮したり敬遠したりする、という意味の成語。

旧暦三月は別名「建辰月《けんしんげつ》」で辰《たつ》の月にあたる。今回は竜を取り上げる。

日本では、常用漢字では「竜」と書く。人名漢字としては異体字の「龍」も使える。字源について、「竜」は地面に臥《ふ》す竜を上から見下ろしたときの姿を、「龍」は立ち上がった竜を横から見た姿を写したものとする説もある。竜（龍）の訓読みは「たつ」だが、この語源は「立つ」と関係があるのかもしれない。

竜は架空の動物で、その起源についてはワニ説や合成説などがある。ワニ説では、古代中国の気候は現在より温暖で、野生のワニが北の地域にまで多数生息しており、それが竜のモデルになったと考える。合成説は「竜の九似」という特徴に着目する。角はシカ、耳はウシ、頭はラクダ、目はウサギ（日本では「鬼」とする説もある）、鱗はコイ、爪はタカ、手のひらはトラ、腹はミズチ（竜に似た空想の動物）、うなじはヘビ、など、さまざまな動物の特徴を合成して竜が作られたと考える。

竜の歴史は古い。中国の石器時代の遺跡からも、竜をかたどった遺物が出土している。皇帝の顔を「竜顔」、皇帝の正装を「竜袍《りゅうほう》」と呼ぶように、竜は天子の権威の象徴でもあった。宋《そう》の時代以降は「二角五爪《にかくごそう》」の竜（頭の角が二本で手足の指が五本ある本物の竜）は皇帝だけが使える意匠とされた。中国の民間の絵画や彫刻、刺繡などでは、四本指や三本指の「竜に似た動物」しか使えなかった。この状況は一九一二年、最後の王朝である清《しん》が滅亡するまで続いた。

現代の中国人にとって、竜は中国そのものを象徴する誇り高いシンボルである。外国人が、商品のコマーシャル映像とか、服のデザインなどで、軽い気持ちで竜を使うと、中国人から「中国の伝統への侮辱だ」と反感を買うこともある。

さて、「葉公好竜」は紀元前一世紀の劉向《りゅうきょう》の著作『新序《しんじょ》』に載っている寓話《ぐうわ》だが、中国では絵本や教科書などを通じて子供のあいだでも有名である。

昔、楚の国に沈諸梁《しんしょりょう》という名の政治家がいた。彼は「葉」という名の町の長官に任じられ、「葉公」と呼ばれた。「葉」の音読みはヨウだが、地名や人名など固有名詞のときに限りショウと読む。

この葉公はたいへんな竜マニアだった。帯の留め金具にも、酒杯にも、部屋の装飾にも、竜の模様を描きこませた。天に住む本物の竜がその噂を聞き「そんなに私のことを好いてくれているのか」と興味をもち、地上に降りてきた。竜は、葉公の部屋の窓から首をニューッと突っ込んできた。しっぽは建物のホールまで伸びていたほど、巨大だった。葉公は肝をつぶし、顔色を変えて逃げ出した。

この話を紹介した著者の劉向は「葉公が好んでいたのは竜ではない。竜に似ているが実は竜ではないものを好んでいたのだ」と評している。

沈諸梁の名誉のために付け加えておくと、彼は政治家として治水事業に力を注ぎ、屋敷の壁や天井にも竜がのたくったような水路の地図を描くほど熱心だったが、それが数百年後、葉公は竜マニアだったという逸話になってしまった、という見方もある。

いずれにせよ、後世「葉公好竜」は、表面的な愛好にとどまり本物を恐れるタイプの人物を批判する成語となった。

葉公と同時代人だった孔子は、学問と道徳の大切さを説き、弟子たちとともに諸国を回った。各国の諸侯は、表面的には孔子を歓迎したものの、結局、どの国も孔子に国政を担当させることはなかった。諸侯は、高名な孔子を喜んで迎えた。しかし、孔子の理想を受け入れて政治改革を断行する勇気はなかった。孔子は竜であり、諸侯はみな葉公だった。

まあ、葉公は同情に値する。本物の竜は、めったにいないのだから。目のまえに突然現れたら、びっくりするのはしかたない。しかし、本物と接触する機会はあふれているのに、実物よりイメージのほうが好き、という人はいただけない。カタカナ語は好きなのに外国語は苦手、とか。アニメやゲームなど「二次元」の女の子キャラは好きなのに現実世界の女性は怖い、とか。本物は、愛好者さえをも萎縮させる迫力があるからこそ本物なのかもしれない。

# 到了驚蟄節、鋤頭不停歇

**訳 「啓蟄《けいちつ》」の時期になると、農繁期になり、鍬《くわ》をふるう手を休めるひまもなくなる。**

農作業の時節を覚えるための中国語のことわざ。「節《せつ》」と「歇《けつ》」で韻を踏む。二十四節気の一つ「啓蟄」は、天気は暖かくなり、雨の量も増える。農民たちは、種まきの時期に遅れぬよう、鍬（中国語の〝鋤頭〟は鋤《すき》ではなく鍬の意）をひたすらふるい続けて、畑の土を耕す。啓蟄の時分は仕事の繁忙期《はんぼうき》である、という意味。

狭義の啓蟄は三月六日だけを指すが、広義では三月六日から春分の前日までの期間を指す。「啓」は「口をあける」とか「穴をあける」意。「蟄」は、虫が土の中で冬ごもりする意。江戸時代、処罰を受けた武士が自宅に引きこもって謹慎することを「蟄居《ちっきょ》」と言ったが、その「蟄」と同じ字である。

啓蟄の時分、天気は暖かくなる。冬眠していた虫たちが、土の中から穴をあけて姿を現す。昔の人が言う「虫」は、蟻《あり》、蚯蚓《みみず》、蜥蜴《とかげ》、蛙、蛇など「虫へん」の漢字の生き物も含む。啓蟄の繁忙期の人間と同様、冬眠から覚めたばかりの虫も、餌を求めてせこせこ忙しく動きまわる。

啓蟄の蟻が早引く地虫かな　高浜《たかはま》虚子《きょし》

さて、昔の東洋人は「天地人」の三つは互いに感応しあうという自然哲学をもっていた。天上の雷は、大地の動植物の生育に影響すると信じられた。中国の民間のことわざに、

春雷響、万物長。（春雷響《しゅんらいひび》けば、万物長《ばんぶつちょう》ず）

と言う。日本でも雷を「稲妻《いなずま》」（稲の実りのパートナー、の意）と呼ぶ。また、

春雷驚百虫。（春雷《しゅんらい》、百虫《ひゃくちゅう》を驚《おどろ》かす）

と言うように、地中で冬眠する虫は、立春のあとの初雷《はつらい》（日本では「虫出しの雷」と呼ぶ）に感応して覚醒するものだと考えられていた。唐の詩人、韋応物《いおうぶつ》（七三七?－七九一？）も《観田家》（田家《でんか》を観《み》る）という漢詩の中で、

微雨衆卉新、一雷驚蟄始。（微雨《びう》衆卉《しゅうき》新《あら》たなり。一雷《いちらい》、驚蟄《けいちつ》始《はじ》まる）

云々と詠んだ。「卉」は「花卉《かき》」（花と草、の意）の「卉」。「衆卉」は「さまざまな多くの草」の意。

さて、日本では「啓蟄」と書くが、中国では「驚蟄」と書く。二十四節気の中で啓蟄だけが、日中両国で表記が異なる。これには歴史的な理由がある。

一口に「旧暦」と言うが、実は時代ごとに何度も改暦が行われてきた。「啓蟄」という時節呼称は春秋時代からあった（異説もある）。今と違い、古代の啓蟄は立春のすぐ次だった。前漢の景帝《けいてい》（劉啓《りゅうけい》。在位、紀元前一五七－一四一）の時代、皇帝の諱《いみな》（実名）である「啓」は恐れ多い字となり、臣下は使うことを避けた（このような慣習を「避諱《ひき》」と言う。諱《いみな》は、みだりに使えない「忌み名」であった）。結局、後漢および蜀漢《しょくかん》が滅亡するまで、啓蟄は「驚蟄」に書き換えられた（後漢を建国した劉秀《りゅうしゅう》も、蜀漢を建国した劉備《りゅうび》も、景帝の子孫である）。

漢王朝の滅亡後、「啓蟄」の使用は解禁になった。ただ「驚蟄」が数百年も使われて定着したこと、虫出しの雷との連想では「驚蟄」のほうがしっくりすること、等の理由により、中国では「驚蟄」となった。

一方、日本人は、中国の皇帝の諱に遠慮する必要はない。日本には「啓蟄」と「驚蟄」の両方の表記が伝わった。江戸時代には漢学ブームの影響もあり、日本では、より古くて由緒正しい「啓蟄」という表記に一本化された。

穴にこもった虫が戸を開いて外に出る啓蟄。外部からのショックで驚かされて目を覚ます驚蟄。字面は違うが、広い世界に出て新生活を始める点は同じだ。

さて、日本では明治十九年（一八八六）から、国の会計年度と学校年度を四月開始とした。以来、日本の三月は忙しい。入学、卒業、引っ越し、入社、退社……。「どんな新生活が始まるのかな」とワクワクする人もいれば、「決算で忙しい」と疲れる人、「新学期に受講生がゼロだったらどうしよう」とビクビクする大学教員もいる。

啓蟄やわれらは何をかく急ぐ　中村《なかむら》汀女《ていじょ》

人それぞれに「到了驚蟄節、鋤頭不停歇」の忙しさだ。しかし、せっかくの良い季節。心に余裕をもって、穴から外へ飛び出したい。

# 三月的桃花——謝了

## 訳　旧暦三月のモモの花——散った（ありがとう）

歇後語《けつごご》、すなわち中国語のしゃれ言葉の一つ。毎年、旧暦三月（新暦の四月ごろ）の時分には、薄紅色《うすべにいろ》のモモの花が咲く。だが、花の命は短い。中国語では「（花や葉っぱが）しぼむ・散る」も、「ありがとう」も「謝」という。満開の季節を終えたモモの花は、緊張がとけてゆるみ、「ありがとう」と感謝するようにしおれる。転じて、単純に「ありがとう」の意でこの言葉を使う。

自然はよくできている。まだ肌寒い早春にはウメやオウバイ（黄梅。中国語名は「迎春花」）の花が咲く。暖かい春にはモモの花。その後はボタンやハスなどさまざまな花。肌寒い晩秋にはキクの花。それぞれの花の命は短いが、花のリレーはとぎれずに続く。

「天日無私、花枝有序」という禅語がある。空の太陽は万物をえこひいきせず、まんべんなく照らしてくれる。しかしながら、と言うべきか、だからこそ、と言うべきか、地上に咲く花や枝葉《えだは》は、自然に秩序を作って棲《す》み分ける。日向《ひなた》や高みを目指して伸びる上昇志向の枝もあれば、木陰《こかげ》を好んで生える草もある。暖かい春の日を浴びて咲く花もあれば、肌寒い秋風に耐えて咲く花もある。早咲き、遅咲き、いろいろあるから、自然はいつも豊かだ。そして花も枝葉も、時がくれば枯れて新陳代謝し、命のバトンを次に渡す。人間も同じ。特定の地位への妄執《もうしゅう》を捨てて、「天日無私、花枝有序」の大自然の叡智《えいち》のままに、おおらかに生きることができたら良いのに、という意味である。この禅語は、日本の僧侶・大森禅戒《おおもりぜんかい》（一八七一―一九四七）が使ったことでも知られる。

さて、日本語の「花が咲いた」「花が散った」を、中国語ではそれぞれ「花開了」（花が開いた）「花謝了」（花が散った）と言う。「謝」という漢字には「感謝する」「謝罪する」「しおれる」など、さまざまな意味がある。

なぜ、こんなに多くの意味をもつのか。

「謝」は「言」（ごんべん〈言偏〉）に「射」と書く。「射」の原義は、はりつめた弓につがえた矢から手を離して緊張が一気にゆるむ意。責める気持ちをゆるめて赦免《しゃめん》する意の「赦」や、やる気がゆるんで捨てる意の「捨《しゃ》」と語源的に同系である。実際、こだわりの気持ちを捨てて素直に「ごめんなさい」とか「ありがとう」という言葉を口に出すと、心の負担が一気にゆるむ。転じて、草や葉っぱが張りを失ってゆるんでしおれる「凋謝《ちょうしゃ》」の意味でも使われる。

「花謝了」は、花びらが「私は咲き終わりました。お先にごめんなさい。そして、ありがとう」と、くったり頭をさげてしおれるイメージがある。

一般に、歇後語はバリエーションが多い。庶民は、耳で聞いたり本で読んだりネットで見たりしてなんとなく歇後語を覚える。そのため、歇後語は使う人によって言い回しが変わる。

「旧暦三月のモモの花」という前半の句については、「三月桃花」「三月的桃花」「三月裏的桃花」「陽春三月的桃花」など、さまざまな言い方がある。

後半の句についても、満開のモモの花の美しさに着目する人は「一片紅火」（一面、燃える火のように赤い）や「越来越紅火」（ますます火のように赤くなる）と続ける。逆に、花の命は短いという無常性をひきあいに出し、「謝了」とか「紅不了多久」（「すぐに赤くなくなる」と「すぐに人気がなくなる」の二つの意味がある）、「経不起風雨」（風や雨などの苦労を乗り越えられない）、「空好看」（むなしく美しい）などと後半を続けることも多い。どれが正解でどれが誤り、という訳ではない。

自由でバラバラだが、これは中国語の豊かさや懐の深さの現れでもある。

いろいろある中で、私は、年齢のせいか、〝三月的桃花――謝了〟という言葉に、心を引かれる。

坂《さか》村《むら》真《しん》民《みん》（一九〇九-二〇〇六）の詩にいう。

「生も一度きり、／死も一度きり、／一度きりの人生だから、／／一年草のように、／独自の花を咲かせよう。」

人はみなそれぞれ、人生の花を咲かせる。ささやかな花、無名の花でもいい。散りぎわに「お先にごめんなさい。そして、ありがとう」と頭を下げて「謝す」花は、美しい。

# 形骸化した儀礼

# 千里之行モ、始マル㆓於足下ヨリ㆒

**訳**

**「千里の行《こう》も、足下《そっか》より始まる」。千里の道も一歩から。**

千里の道のりの旅も、まず最初の小さな一歩を踏み出すことから始まる。同様に、目標がはるか先に見えるような大きな事業も、身近なところから手をつけて仕事を始めて、一つ一つ着実に進んでゆけば、いつか必ず完成できる。出発点で茫然《ぼうぜん》と立ちすくむより、ともかくまず勇気をもって前に進もう、という意味。

日本語の「故事成語」は、いわゆる「漢文」に由来するものが多い。「千里の道も一歩から」も、古代中国の漢文の古典『老子《ろうし》』が出典で、意味も日中共通である。

日本の一里は約四キロメートルだが、中国の一里は時代によって違うものの、現在は五百メートルである（中国語では、西洋伝来のキロメートルを「公里」、伝統的な距離の単位である里を「市里」と呼んで区別する。単に「里」と言えば「市里」を指す）。中国の「千里」は五百キロメートルで、これは日本で言えば江戸時代の「東海道五十三次」の道のり、つまり江戸の日本橋から京都の三条大橋までの距離とほぼ等しい。

ことわざや成語の中では、遠い道のりを示す象徴的な距離として、「百里」では短すぎ「万

里」では遠すぎるため、「千里」がよく使われる。例えば、

「千里之馬」一日に千里を駆け抜ける「千里の馬」。優秀な馬。

「千里迢迢《ちょうちょう》」千里はるかなり。道のりの遠さを述べる決まり文句。

「跛鼈《はべつ》千里」足に障がいをもつスッポンも、ゆっくり歩き続ければ千里を行ける。マイペースでコツコツ努力することが大切。

「千里送鵝毛」千里のかなたからガチョウの羽を送り届ける。粗品ではあるけれど、心や熱意がこもった贈り物の比喩。等々、枚挙にいとまがない。

日本の中学生や高校生が「国語」の授業で「漢文」を学ぶように、中国の生徒たちも「語文」の授業で「古文」を習う（中華人民共和国では、少数民族の立場への配慮もあり、「国語」という授業科目名は使わない）。日本人にとっての「古文」とは『源氏物語』や「百人一首」などの古典を指すが、中国人にとっての「古文」は「古代漢語」の書き言葉による文章、日本人のいわゆる「漢文」を指す。日本の中学生や高校生が「古文」や「漢文」のテストで苦労するのと同様、中国の中高生も「古文」のテスト対策で四苦八苦している。

なお日本語の「漢文」と中国語の「漢文」は、意味内容が違う。中国語の「漢文」は「（現代中国語も含めて）漢字で書かれた文章」ないし「漢王朝の時代に書かれた文章」を指す。

現代日本語と古文が違うように、中国語の「現代漢語」と「古文」も違う。例えば、「千里之行、始於足下」という「古文」を現代中国語に直訳すると、「一千里的遠行、従脚下

開始」となる。原文にない単語を補って、「即使一千里的遠行也是従脚下的第一歩開始的」（たとえ千里の遠出であろうと、足もとの一歩目から始まるのだ）のように言えば、より自然でわかりやすい中国語となる。

「古文」は語順などの文法面でも、現代中国語と微妙に違う。例えば「始於足下」（動詞＋場所）は、現代中国語では「従脚下開始」（場所＋動詞）という語順にひっくり返る。

日本人は漢文を、返り点や送り仮名を付けて「訓読」で読む。中国人は「古文」を現代中国語の発音で音読する。ただし中国人も、「古文」の読解にあたっては、個々の単語を現代中国語に置き換えたり、現代中国語の語順にあわせて、ところどころひっくり返す。

中国人にとっても「古文」は難しい。が、「古文」の成語やことわざを現代中国語に訳すと、ダラダラと長くなる。そのため中国人は、「古文」由来の成語やことわざについては、簡潔な原文のまま使うことが多い。

# 漢ノ高祖斬ル㆓白蛇ヲ㆒——一刀両断

**訳 漢の高祖が白い蛇を斬った。そのこころは「一刀両断」。**

「物事を思い切りよく、一刀両断にスッパリと斬り捨てて解決する」という意味の歇後語《けつごご》。前漢王朝の初代皇帝となった劉邦は、農民の出身だった。彼が無名だったころの話。山道に巨大な蛇が横たわっていた。常人なら避けて通るところだが、劉邦は、蛇を刀でまっぷたつに斬り、堂々と通った。人々は彼の剛胆さに畏敬の念を懐《いだ》いた、という故事に基づく。

私たち東アジア人は占いが好きだ。手相や姓名判断、血液型性格判断などは、日本や中国を含む漢字文化圏では、広く流行している。なかでも「子丑寅卯辰巳午未申酉戌亥」の十二支にちなむ占いは伝統があり、現代人もよく使う。

例えば日本の証券業界では、株相場の景気循環のジンクスとして「辰巳《たつみ》天井、午《うま》尻下が り、未《ひつじ》辛抱、申酉《さるとり》騒ぐ、戌《いぬ》は笑い、亥《い》固まる、子《ね》は繁栄、丑《うし》はつまずき、寅《とら》千里を走り、卯《う》は跳ねる」という格言が伝えられている。天に昇る竜と、竜に似た姿態をもつ蛇。しっぽを下に垂れた馬。けたたましく叫ぶ猿や鶏。鼠算のように繁殖する鼠。このような動物のイメージにちなむこの格言は、科学的ではないが、けっこう当たる。

旧暦の四月の別名は、漢語で「建《けん》巳《し》月《げつ》」と言う。夜空の北斗七星の、ひしゃくの取っ手にあたる部分が、夜空の巳の方角（南南東と南東のあいだくらい）を指す月という意味だ。まずは十二支の蛇を取り上げよう。

古代人にとって、蛇は竜に次ぐ神秘的な動物だった。手足がないのに素早く動き回る。不老不死を連想させるような脱皮を繰り返す。蛇の交尾も壮絶で、雌雄が全身を長時間からみあわせる。人を咬《か》む毒蛇もいるが、農民にとっては鼠を食べてくれる益獣でもある。そんな蛇は、古来「ずるがしこくて執念深い」「不吉な生き物」という悪いイメージと、「冷静で根気強い」「神さまの使い」という良いイメージの両方がある。

中国人は干支の冗談が好きだ。「あの人は蛇年だから執念深い」とか「私は蛇年の生まれだから、鼠年生まれのあなたを食べちゃうかも」などと言う。また同じ巳年生まれでも、春や夏の生まれの人は活発に働き、秋や冬に生まれた人は冬眠中の蛇のようにぬくぬくと過ごせる、とも言う。もし自分が蛇年の生まれで、相手が劉姓なら「お願い、ぼくのことを斬り捨てないで」と冗談を言ってもよい。

司馬遷が書いた歴史書『史記』高《こう》祖《そ》本《ほん》紀《ぎ》に載っている話。秦《しん》の始《し》皇《こう》帝《てい》の時代、農民出身の劉邦は、田舎の亭長（宿駅の役場の長）だった。当時、始皇帝陵の造営工事が行われていた。亭長の劉邦は、労役の囚人たちを現場に護送した。土木工事はつらい。囚人の一部が途中で脱走した。秦の法律は厳しい。このまま行けば、劉邦は監督責任を問われ死刑になる。劉邦は酒を飲み、囚人たちに「てめえら好きにしろ。俺も逃げる」と言い、全員を解放した。親分肌の劉邦を慕い「お供します」と自発的に残った囚人が、十人くらいいた。これが劉邦の最初の部下となった。

劉邦は泥酔状態のまま、夜の小道を歩いた。大きな蛇がいた。一同は不吉だと恐れた。劉邦は「何を怖がる」と言い、一刀両断に蛇を斬り捨て、道を進んだ。後続の者が現場を通った。夜中なのに、老婆が大声で泣きながら「蛇の姿になっていた白帝（古代の神の名）の子が、通りかかった赤帝（別の神の名）の子に斬られてしまった！」と言うと、ふっと姿を消した。一同は「うちの親分は、やっぱり普通の人間じゃない」と、ますます尊敬した。

古代中国の「帝」は高位の神を指す称号で、後に人間界の君主号としても使われるようになった。「赤帝」は別名「炎帝《えんてい》」あるいは「神農《しんのう》」とも呼ばれる古代神で、「黄帝《こうてい》」と並び中華民族の祖先とされる。中国人を指す「炎黄子孫」（炎黄の子孫）という雅称もある。

西洋のアレキサンダー大王は、神殿の複雑にからみあった縄を一刀両断し、世界を征服した（*“cutting the Gordian knot”* ゴルディアスの結び目を斬る）。東洋の劉邦は、夜道の大蛇を斬って天下を取った。四月は、日本では新年度の始まりだ。鬼が出るか蛇《じゃ》が出るか。思い悩んで立ち止まるより、スパッと一刀両断して先へ進むと、意外な未来が開けるかもしれない。

# 清明ノ時節雨紛紛

訳

**「清明《せいめい》の時節《じせつ》、雨《あめ》、紛紛《ふんぷん》」。清明節のころの小《こ》ぬか雨《あめ》。**

春雨《はるさめ》を詠んだ漢詩の名句。清明節のころ、「小ぬか雨」の細かい雨粒《あまつぶ》が辺り一面、宙を舞いながら、音も立てずに降りそそぐ、という意味。清明は二十四節気の一つ。晩春の開始日である清明は、中国では墓参りの日とされる。中国人がセンチメンタルになりがちな時期でもある。

中国の年中行事や祝祭日の中でも、漢民族にとって特に重要な四つの伝統的な祝祭日を「漢族四大伝統節日」と呼ぶ。

春節　陰暦一月一日
清明節　陽暦四月四日〜五日
端午節　陰暦五月五日
中秋節　陰暦八月十五日

右記の四つは中国の法定祝日でもあり、振り替え出勤日を設けるなどして連休になる。旧正月にあたる「春節」と、お月見の日である「中秋節」は、実家に帰省して一家団らんを楽しむ日である。「清明節」は先祖の墓参りの日、「端午節」は粽《ちまき》を食べてくつろぐ日だ。

清明節だけ陰暦ではない。これには理由がある。

そもそも陰暦（太陰暦）とは、空の月（太陽に対して「太陰」とも呼ぶ）の満ち欠けと連動した暦のことだ。夜空を見上げて「三日月」なら、その日は三日。十五夜の満月なら、十五日。新聞もテレビもなかった昔、日付を知るには便利だった。一方、季節の推移を知るには、太陽の天空上の位置と連動する陽暦（太陽暦）のほうが便利だ。結局、東アジアの旧暦は、太陰暦を基本として、補助的に太陽暦の要素も組み込んだ折衷的な「太陰太陽暦」となった。

清明を含む「二十四節気」は、旧暦における太陽暦的な要素である。

二十四節気の要《かなめ》は、冬至、春分、夏至、秋分の「二至二分《にしにぶん》」である。次いで大切なのは、二至二分のそれぞれの間の「四立《しりゅう》」すなわち立春、立夏、立秋、立冬だ。以上を合わせて「八節」と言う。この八節どうしのあいだをそれぞれ三分割し、一年を二四分割すると「二十四節気」ができる。

清明節は、立春から数えて二十四節気の中の五番目で、晩春の開始日にあたる。

なお、単に「清明」と言うと、清明節の当日だけを指す場合と、清明節から次の「穀雨《こくう》」の前日までの間を指す場合の二つがある。文脈によって意味を判断する必要がある。

二十四節気は日本語でも、俳句の季語や、手紙文の時候の挨拶で使う。「清明の候、いかがお過ごしでしょうか」と書くと、ちょっと優雅だ。

唐の詩人・杜牧《とぼく》（八〇三－八五三）が清明の情景を詠んだ七言絶句は有名だ。

《清明》

清明時節雨紛紛
路上行人欲断魂
借問酒家何処有
牧童遥指杏花村

清明《せいめい》の時節《じせつ》　雨《あめ》　紛紛《ふんぷん》
路上《ろじょう》の行人《こうじん》　魂《たましい》を断《た》たんと欲《ほっ》す
借問《しゃもん》す　酒家《しゅか》は何処《いずく》にか有《あ》る
牧童《ぼくどう》　遥《はる》かに指《さ》す　杏花村《きょうかそん》

大意は――清明のころ、辺り一面の小ぬか雨。道を行く人（ここでは自分を指す）は、魂が体から抜けそうなほど気が滅入《めい》る。「おたずねします。どこかに居酒屋はありませんか」。牛飼いの少年は、遠くを指さした。薄桃色を帯びた白い杏《あんず》の花が咲く村が、春雨にかすんでいる。

この漢詩は、杜牧の詩文集には収録されておらず、彼の時代から数百年後に編まれた漢詩集に唐突にあらわれる。別人の漢詩が誤って杜牧の作として伝えられたのでは、と疑う学者も多い。「杏花村」も、固有名詞という説と、単に「アンズの花が咲く村」くらいの意味という説がある。真相はともあれ、味わい深い雰囲気の詩である。

季節も人生も、早春は「いよいよ春が来た」というワクワク感がある。晩春は「もう春も終わりか」と気が滅入る。

でも、もし人生がずっと早春ばかりだったら、かえって無味乾燥になるだろう。墓参りをして亡き人をしのぶ清明の時節のように、しんみり思い出にひたり、過去を抱きしめる晩春も必要だ。人生の旅路を歩む諸子にとって、本書が、春雨にかすむ村の居酒屋のようなささやかな休憩所になれたら、と思う。

# 端午節喫餃子——与衆不同

**訳**

**端午の節句に餃子を食べる——個性的。**

中国の習慣では、旧暦の正月には水餃子（ゆでた餃子）を、旧暦五月五日の端午《たんご》の節句には粽《ちまき》を食べる。もし、端午の日にあえて餃子を食べるような人がいたら、それは世間の常識にこだわらずわが道をゆく人物である。普通の人々とは違う異彩を放つという点で、良くも悪くも個性的な人間である、という意味。

中国語の慣用句のうち、四字熟語や故事成語は日本語と共通点が多いが、歇後語《けつごご》は日本人泣かせである。中国の歴史や文化を知らないと、理解できぬものが多いからだ。

歇後語とは「後半を欠いた語句」の意である。日本語にも「雪隠《せっちん》の火事」（ヤケクソ、の意。「雪隠」はトイレ）とか「金時《きんとき》の火事見舞《みま》い」（顔が真《ま》っ赤《か》、の意。もともと赤ら顔の金時こと金太郎が火事場に行ったら、ますます顔が赤くなる）など隠語的な慣用句はあるが、その数は多くない。中国の歇後語の総数は膨大で、数万にのぼる。ただし、普通の中国人が暗記しているのは数十から数百くらいである。本来の歇後語は、「端午節喫餃子」のように前半部だけを言うものだった。今は続けて後半部も「与衆不同」のように言い添えるのが普通だ。

日本以外の「漢字文化圏」の国々では、伝統的な年中行事は、今も旧暦で行う。端午の節句も、日本では新暦五月五日だが、中国では旧暦の「五月初五」だ。古代中国の陰陽五行思想では、奇数を「陽数」として尊んだ。同じ奇数が並ぶ一月一日・三月三日・五月五日・七月七日・九月九日は、それぞれ「春節」、「上巳節」、「端午節」、「乞巧節《きっこうせつ》」（七夕）、「重陽節」という節目《ふしめ》の日とされた。

端午節の起源については、有名な伝説がある。
楚《そ》の屈原《くつげん》（前三四三頃〜前二七八頃）は、「羹《あつもの》に懲《こ》りて膾《なます》を吹く」という故事成語でも有名な憂国の詩人だが、祖国の前途を悲観し、川に飛び込んで自殺した。その命日は五月五日と伝えられる。後世の人々は屈原に同情し、毎年の節句とした。

旧暦の五月は、十二支を使った呼び方では「午《うま》の月」にあたる。「五月初五」は「午の月」の「開端（はじめ）の五の日」。「午」と「五」は同音でもあるため、いつしか「端午」と言い習わされるようになった。

屈原が川に飛び込んだとき、それを見た漁民が猛スピードで舟を漕いで救助にかけつけたが、間に合わなかった。人々は屈原に同情し、川に沈んだ彼の遺体が魚に食い荒らされぬよう、米の飯を笹の葉で包んで川に投げ込み、魚に与えた。以来、端午節では、細長くてスピードが出る竜舟（ドラゴンボート）の競技を行い、「粽子」（ちまき）を食べる風習が生まれた。……以上はあくまで伝説である。実際は、初夏の民間習俗が、後世、屈原と結びつけられた可能性が高い。

端午の節句の行事は、時代や地域ごとに違う。日本では男の子の成長を祈る日となり、武者人形や鯉のぼりをかざり、柏餅を食べる（ちまきを食べる地方もある）。韓国では女性がブランコに乗って楽しみ、車輪の型を押した独特の餅を食べる。ベトナムでは祭壇に果物やもち米の発酵食品を供える。

中国の節句は食べ物と結びついている。春節（旧正月）には餃子を、一月十五日の元宵節《げんしょうせつ》には「湯円」や「元宵」などあん入りのだんごを、端午節には「粽子」を、八月十五日の中秋節には「月餅《げっぺい》」を、九月九日の重陽節には「菊花酒」を、それぞれ飲食する。

中国で端午節に餃子を食べるのは、日本で言えば、五月五日に柏餅ではなく、正月用の鏡餅を雑煮やお汁粉にして食べるような感じだ。時流には乗れないが、個性的である。

「端午節に餃子を喫《きっ》す」。そのココロは「衆と同じからず」。餃子が食べたいなら、端午の節句だろうといつだろうと、人の目を気にせず食べればいい。それで、人に迷惑をかける話ではない。勉強も同じだ。みんなが学んでいるからそれを学ぶ人より、自分が学びたいからそれを学ぶという人のほうが、長い目でみれば大成するような気がする。

# 胡《こ》服《ふく》騎《き》射《しゃ》

訳

**えびすの服を着て、えびすのように馬の背中に乗って矢を射る。**

国力をアップするため、世論の反対を押し切ってでも大胆なイノベーションを断行する、という意味の成語。紀元前四世紀の末、趙の武《ぶ》霊《れい》王は、軍事力を高めるため、当時の社会常識を破り、異民族の騎射戦術を採用した。当時の中国人は先祖伝来の文物制度を変えることに抵抗感をもったが、武霊王はみずから異民族の服を着て改革を断行した、という故事に基づく。

旧暦五月の別名は「建《けん》午《ご》月《げつ》」で、十二支の午の月だ。今回はウマにまつわることわざを紹介する。中国には、「南《なん》船《せん》北《ほく》馬《ば》」という言葉がある。南は船で北は馬。川や水路が多い中国南部は水運が発達し、乾燥した平原が広がる北部は道路が発達していた。なお、日本語の「南船北馬」は「東《とう》奔《ほん》西《せい》走《そう》、南は船で北は馬で行き来するほど多忙」という意味でも使う。

馬による交通が便利な北部は、馬に乗った軍隊の侵略を受けやすかった。

「秋高馬肥」は、日本語では「天高く馬肥ゆる秋」と言う。実は、国防上の危機感を述べた成語だった。抜けるような青空が広がる秋の季節になると、北方の遊牧民族が飼っている馬は、牧草をたっぷり食べて筋力が充実する。その馬に乗った騎馬軍団が、中国の富を狙って南下し、侵攻してくる、という意味だ。

　昔の漢語では、中国の北や西に住む異民族を漠然と「胡」「胡人」「胡族」などと呼んだ。「胡」は「鬍《ひげ》」に通じ、ひげもじゃの顔をした蛮族を指した。現代中国語でもヒゲを「胡子」と言う。ちなみに、日本語の漢字では「胡」も「胡子」も訓読みは「えびす」だ。「えびす」には、遠方の未開人という意味（「えみし」に同じ）と、外の世界から来た福の神、という二つの意味がある。

　古来、漢民族（以下、漢族）は自国の文明に誇りをもってきた。人口は多い。都市も豪壮だ。歴史は古い。書物も多い。「孫子《そんし》の兵法」など軍事研究も怠りない。にもかかわらず、漢族と胡族が戦うと、たいてい漢族が負けた。なぜか。漢族は農耕民族で、軍隊は歩兵部隊が中心だ。胡族は遊牧民族で、男子は子どものころから馬に乗り慣れ、軍隊は全員が騎兵だ。胡族の騎馬軍団は、突然、地平線の向こう側から風のように現れ、矢を雨のように浴びせてくる。神出鬼没で機動力抜群の騎馬軍団に対して、鈍重な漢民族の歩兵部隊では、勝負にならなかった。

　漢族も馬に乗ればよい。だが、それは難しかった。昔の漢族は、動物の背中にまたがる姿勢を、野蛮で下品だと思った。そもそも古代の漢族の服は、だぼだぼの和服のようだった。ズボンをはかなかったため、馬にまたがって乗ることはできなかった。だから、馬車に乗った。が、木製の車輪でゴトゴトと進む馬車では、平原を風のように疾駆《しっく》する胡族の騎馬軍団に、追いつくことすらできなかった。

司馬遷の『史記』趙世家《ちょうせいか》の話。紀元前三〇七年、趙の武霊王は、軍事力を強化するため「胡服騎射」を採用することを宣言した。当時の中国は「戦国時代」だった。天下は分裂し、各国は富国強兵につとめた。武霊王は臣下たちに言った。「余は今後、みずから胡の衣服を着用し、馬にまたがって弓を射て、人民の手本になる」。

馬にまたがるためには、漢族の先祖伝来の服装を脱ぎ、自分たちが見下してきた胡族のズボンを着用する必要がある。先祖崇拝を重んじる漢族にとっては、恥辱だ。幕末の攘夷《じょうい》時代の日本で、洋服を着るのと同じくらいの勇気がいる。武霊王は、他国との競争を生き残るため、世論の反対を押し切って「胡服騎射」を断行した。周囲の抵抗は予想以上だった。

王族である武霊王の叔父までもが、病気と称して参内《さんだい》をやめた。武霊王は叔父に向かって、諄々《じゅんじゅん》と説いた。「叔父上にもぜひ胡服を着用していただきたい」「礼儀や衣服の制度は、国を利するため、人民のためにあります。そのためなら、社会の礼制をつくった聖人も、一つの礼儀や服装にこだわらないはずです」。最終的に、武霊王は国内の説得に成功した。

「胡服騎射」は、単なる技術導入ではない。社会全体の意識変革をも含む、システムの再構築であった。大胆なイノベーションに成功した趙は、強国となり、戦国時代の最後まで生き残った。

昔も今も、先進国のプライドにすがる国民や、過去の栄光を忘れられない企業人は、新興国や後発企業から学びたがらない。古代中国の「胡服騎射」の故事や、「胡《えびす》」という語に「遠方の未開人」と「外来の福の神」の二つの意味を持たせた昔の日本人の英知は、現代のわれわれにも示唆《しさ》的である。

# 不レ識ラ二廬山ノ真面目ヲ一

**訳** **「廬山《ろざん》の真面目《しんめんもく》を識《し》らず」。廬山の中にいるとかえって廬山の本質がわからない。**

廬山は、大小さまざまな山並みからなる雄大な景勝地である。廬山の中に入ると、位置によって見える山の様相がどんどん変わる。かえって廬山の真の姿形（漢語の「真面目《しんめんもく》」は、「真面目《まじめ》」とは意味が違う）が、わからなくなる。転じて、物事の渦中の当事者には、客観的な真相や全体像がわからなくなることの比喩で使う。

五月は新緑の季節。山が恋しくなる。今回は、山に関する言葉を取り上げる。

北宋《ほくそう》時代の文人政治家、蘇軾《そしょく》（一〇三七－一一〇一）は、東坡居士《とうばこじ》と号し、蘇東坡とも呼ばれる。豚肉の煮込み料理「東坡肉」は、彼が考案したとされる。

蘇軾は一〇七九年、政争に敗れ流罪となった。一〇八四年、減刑され自由を得ると旅に出て、旧暦五月ごろ廬山を通った。

廬山は、江西省九江《きゅうこう》市南部の景勝地で、現在は世界遺産に登録されている。珍しい形の急《きゅう》峻《しゅん》な峰々《みねみね》が連なり、切り立った岩のうえに松が生え、深い霧が立ち込め、水墨画の仙山のような神韻《しんいん》縹渺《ひょうびょう》とした景観に富む。太古の昔、匡俗《きょうぞく》という隠者がこの山奥に廬《いおり》を立てて住んだ、という伝承から、この山地は「廬山」とか「匡廬」と呼ばれる。

古来、廬山は文人墨客《ぶんじんぼっかく》のあこがれの地だった。『史記』を書いた歴史家の司馬遷も、大詩人の李白も白居易も、廬山に遊んだ。日本の古典『枕草子』にも、白居易の漢詩の名句「香炉峰《こうろほう》の雪《ゆき》は簾《すだれ》を撥《かか》げて看《み》る」をふまえた挿話が出てくる。香炉峰は廬山の一部である。

蘇軾は豪快な人物だった。左遷で落ち込むこともなく、廬山の景色を楽しみ、「西林《さいりん》の壁《へき》に題《だい》す」(西林寺の壁に書きつけた詩、の意)という七言絶句を詠んだ。

《題西林壁》
横看成嶺側成峰
遠近高低各不同
不識廬山真面目
只縁身在此山中

横《よこ》より看《み》れば嶺《れい》を成《な》し　側《かたわら》よりすれば峰《ほう》を成す
遠近《えんきん》　高低《こうてい》　各《おの》おの同《おな》じからず
廬山《ろざん》の真面目《しんめんもく》を識《し》らざるは
只《ただ》　身《み》の此《こ》の山中《さんちゅう》に在《あ》るに縁《よ》る

大意は――廬山は、横から見ると、つながった山々だ。脇から見ると、山々が重なり、一つの独立峰に見える。見る場所が変われば、遠近の差や高低の違いに応じて、見える形も変わる。廬山の本当の姿かたちがわからないのは、自分がまさに廬山の中にいるからにほかならない。

哲学的な詩である。人生は廬山に似ている。例えば、青春時代。子どもは青春にあこがれ、老人は青春をなつかしむ。が、青春の真っ只中にいる若者は、次々と変幻《へんげん》する現実を前に、戸惑い、もがき、何が何だかわからぬまま日々を送る。それが青春だ。

蘇軾は晩年にも、廬山を七言絶句に詠んだ。

《廬山煙雨浙江潮》
廬山煙雨浙江潮
未到千般恨不消
到得還来無別事
廬山煙雨浙江潮

廬山《ろざん》の煙雨《えんう》　浙江《せっこう》の潮《うしお》
未《いま》だ到《いた》らざれば千般《せんぱん》　恨《うら》み消《しょう》せず
到《いた》り得《え》て還《かえ》り来《きた》れば別事《べつじ》　無《な》し
廬山《ろざん》の煙雨《えんう》　浙江《せっこう》の潮《うしお》

霧雨《きりさめ》にかすむ廬山、海から川へ大波が逆流する銭塘江《せんとうこう》。ぜひ一度は見ないと気が済まない名所だ。で、行って見てきたあとは、何ということはない。霧雨にかすむ廬山、逆流する銭塘江。

人生も同様だ。進学も、就職も、結婚も、中国語の勉強も、目標がかなわねば悔しくてたまらないが、かなうと「なんだ、こんなものか」と思う。そう、「こんなもの」だ。人は「こんなもの」にあこがれ、「こんなもの」は存在し続ける。それが人生だ。

だが「こんなもの」は、やっぱりすごい。廬山の魅力にとりつかれ、何十年も通ったり、廬山のなかに住み着くと、かえって廬山はわからなくなる。高みに登れば登るほど未踏の境地が見え、新しい出会いや発見がある。

勉学や仕事、趣味もそうだ。毎日の生活だって「廬山の真面目」だ。幼いころは、親が山のような巨人に見えた。反抗期には、うちの親はたいしたことない、と思った。自分に子ができて、親のありがたさがわかった。中高年になり……と、身近な家族の横顔でさえ、どんどん変わる。人生は山あり谷あり。人はみな、自分の人生という山の中で生きているのかもしれない。

# 六月飛雪

訳

**冤罪《えんざい》に泣く弱者の思いが天に届くと、旧暦六月に雪が風に舞うという異常気象が起きる。**

政治が悪くて社会に不正がはびこると、人間の「気」が乱れる。それは自然界の「気」にも影響する。例えば、公正な裁判を受けられず、冤罪に泣く被害者が出ると、その無念の思いは天を動かし、猛暑の旧暦六月に雪が降るような異常気象を引き起こす。誰も見ていなくても、「お天道様《てんとうさま》」はちゃんと見ている。だから弱者をいじめてはならない、という意味。

旧暦では一月・二月・三月を「三春」と呼び、それぞれの月を「孟春・仲春・季春」（あるいは初春・仲春・晩春）と呼ぶ。以下「三夏」「三秋」「三冬」についても同様である。俳句の季語や書簡文では、今も旧暦にちなんだ言いかたを使う。旧暦六月は「季夏」すなわち晩夏で、一年で最も暑い時分だ。

その六月に雪が降る、という奇怪な話は、昔の中国の説話に出てくる。

漢文古典に「庶女叫天《しょじょきょうてん》」（平民の女性が天に向かって叫ぶ）という故事成語がある。「庶女告天《こくてん》」とか「庶女振風《しんぷう》」とも言う。出典は、紀元前三世紀末の思想書『淮南子《えなんじ》』。昔、斉《せい》の国のある平民の女性が、無実の罪で苦しみ、天に向かって叫んだ。その無念の思いは天に届き、斉の統治者である景公の宮殿に雷が落ちた。天の警告である。

この故事成語をヒントに、後世、元曲『竇娥冤《とうがえん》』や京劇『六月雪』などの芝居が作られた。ヒロインは、竇娥という名の美しい女性。彼女は殺人の罪をなすりつけられ、理不尽な裁判の結果、無実なのに死刑を宣告される。死刑の当日。六月の夏空から冷たい雪が降ってくる。彼女の運命は……。芝居の常として、時代や役者により物語には異同がある。結末は見てのお楽しみだ。

人が人を裁くのは難しい。誤審や冤罪はあってはならないことだが、しばしば起きてしまう。「天」は、それもちゃんと見ている。そんな考えかたは、西洋文学にもある。ドイツの詩人で劇作家のシラー（一七五九－一八〇五）は、「歓喜に寄せて」という詩の中で、

*Brüder - überm Sternenzelt*
*Richtet Gott, wie wir gerichtet.*
（兄弟よ。星の上で神は裁く、われらがどう裁いたかを）

と詠んだ。この詩句は、日本のアニメファンのあいだで有名である。アニメ映画『ヱヴァンゲリヲン新劇場版』の謎の組織「ゼーレ」の標語として出てくるからだ。

さて、真夏の平地に雪が降るという現象は、珍しいものの、絶無ではない。地上は猛暑でも、高高度の上空の空気は冷たい。高高度に達した積乱雲から雹《ひょう》や霰《あられ》など冷たい氷の粒が

降ってきたり、ごくまれに夏空から雪が降ることもある。科学的知識のなかった昔の人は、夏の天気が急変して氷雪が降り注ぐという珍しい自然現象に、神秘的な天意を感じとった。

　地震や日食などの天変地異は、政治が悪く、社会が乱れているせいだ。夏の雪や日照りなどの異常気象は、しいたげられた人間の怨念のせいだ。落雷は天罰。箒星《ほうきぼし》や「客星《かくせい》」（彗星《すいせい》や新星など、平常は見えない時に現れる星）は天の警告。宇宙は目に見えない「気」で満ちている。「気」は人間の体の中にも外にも流れている。政治が悪く、社会に不正がはびこると、人間界の「気」が乱れ、それが自然界の「気」の流れにも影響する。——このような古代中国の「天《てん》人《じん》感《かん》応《のう》説《せつ》」の考えかたは、科学的に見れば迷信である。中国でもさすがに中世からすたれ始める。とは言え、迷信にも効用はある。

　昔の説話や芝居では、敗死者（戦いに負けて死んだ者）が幽霊になって復讐したり、弱者が強い思念で奇跡を起こす話が多い。いっぽう、世の勝ち組は、お金や権力などリアルな力が充実している。迷信や「魔法」を必要としない。

　財力も権力もない弱者であっても、強い一念は天をも動かす。社会的弱者をいじめると、たいへんなことになる。そんな考えかたは、感情的にはちょっと支持したくなる面もある。

　昔から人の世は「格差社会」だ。「六月飛雪」は迷信だが、その根底には「魔法」による弱者救済という、ある意味で人間的な発想が流れている。

# 告朔ノ餼羊

**訳**

**告朔《こくさく》の餼羊《きよう》（毎月ついたちに羊を供える宮中の儀礼。形骸化した儀礼）**

実質的な意義がなくなり、形式だけが惰性で残っていることのたとえ。また、昔から続いている習慣は、害がなければ、なるべく存続させたほうがよい、ということのたとえ。出典は『論語』八佾《はちいつ》篇。「告朔」は、旧暦の毎月の朔日《さくじつ》（ついたち）に君主が宮中の祖廟《そびょう》（みたまや）に報告する古代の儀礼。「餼」は「生贄《いけにえ》として供える動物」の意。

旧暦六月は別名「建未月《けんびげつ》」で十二支の未《ひつじ》の月にあたる。今回は、羊を取り上げる。

中国大陸では、三千数百年前の殷《いん》の時代から、羊は身近な家畜だった。漢字にも、羊を含む文字が多い。「群」や「養」という字に、古代中国人の放牧生活のなごりを感じる。また「美」「羨」「祥」「義」「善」などの字を見ると、古代中国人にとって、羊は大切なものの象徴だったことがわかる。

羊の肉は、昔の庶民にとってちょっと贅沢《ぜいたく》な食材だった。漢方医学では、羊の肉を食べると体がポカポカと温まる効果があるとされる。今でも、北部や西部の中国人は、羊の肉のしゃぶしゃぶ「涮羊肉」や、街角の屋台で売っている羊肉の串焼き「羊肉串」を、好んで食べる。

羊にまつわる成語は多い。

「懸羊頭売狗肉」（羊の頭をかかげて、犬の肉を売る）は、日本語では「羊頭狗肉《ようとうくにく》」と言うが、「看板にいつわりあり」の悪徳商法を指し、「外見は立派なように見せかけているが、中身は貧相で安っぽい」という比喩でも使う。

古典『列子《れっし》』を出典とする「多岐亡羊」は、飼っていた羊が逃げ出したので、おおぜいで追いかけたが、羊が枝分かれした道に逃げ込んだため、見失った、という寓話《ぐうわ》である。次々と細かく枝分かれする道は、仕事の細分化や、学問の専門化の暗喩。羊は「たいせつな本質」の象徴である。

『論語』が出典である「告朔の餼羊」も、含蓄のある成語だ。

三千年前の西周の時代、各地の諸侯は、周の天子から暦をもらい受け、それを祖先の霊を祭る祖廟に収めた。諸侯は毎月一日、生きた羊を殺して供え、祖廟に告げてその月の暦を請い受ける儀礼をおこなうことで「自分は、天子や祖先から政治を託されているのだ」という責任感をあらたにした。この儀礼を「告朔」という。

時代がくだると、告朔の儀礼は形骸化した。孔子（前五五二？／五五一？-前四七九）の時代、魯《ろ》の国の君主は告朔の儀礼を面倒くさがり、毎回欠席した。羊を犠牲にする儀礼だけが、惰性的に残っていた。孔子の弟子で経済感覚にもすぐれていた子貢《しこう》は、経費節約のため「羊がもったいないので、この儀礼はもうやめましょう」と提案した。孔子は「おまえは羊を惜しむが、わたしは礼を惜しむ」と反対した。伝統が形だけでも残っていれば、いつの日かまた実質が復活する可能性がある、と孔子は考えたのである。

「告朔の餼羊」に似た例は、日本にも多い。例えば、地方の儀礼や伝統芸能の多くは、過疎化のため存続の危機に瀕《ひん》している。福島県浪江町《なみえまち》の「請戸《うけど》の田植踊《たうえおど》り」もそうだった。江戸時代から続く早春の祭りの伝統芸能だが、近年は少子高齢化が進み、毎年の開催をあきらめて数年に一度にしよう、という声も地元で出ていた。

そんななか、二〇一一年三月、震災が起きた。請戸地区は津波で壊滅した。直後の原発事故で、住民は避難を余儀なくされた。ふるさととの実質を失った請戸の人々は、復興の希望を絶やさぬため、せめて祭りの形を守ろうとした。津波で流された衣装を新調し、ばらばらに避難した踊り手の子どもたちの連絡先を調べた。

震災の翌年、福島市内の仮設住宅で「請戸の田植踊り」が行われた。踊り手の子どもたちや、笑顔で見守るお年寄りの様子は、テレビや新聞で全国に紹介され、人々を勇気づけた。請戸の田植踊りは、今も存続している。伝統の力は大きい。

私たちの日常生活の中にも、小さな「告朔の餼羊」がある。年賀状を書くとき「この人とはもう何年も会ってないから、今年から送るのはやめよう」と思ったあと、ふと「はがき一枚の値段を惜しむより、やっぱり今年も送っておくか」と思い直す。その他、バレンタインの義理チョコ、家族内の記念日など、人それぞれである。

もし、あなたの身の回りにも小さな「告朔の餼羊」があれば、もうちょっとだけ、続けてみてほしい。そこから何か、新しい展開が生まれるかもしれない。

# 蓮《ハ》、花之君子者《ナル》也

## 訳 **蓮《はす》は花の君子なる者なり。**

季節の花はそれぞれ魅力的だ。例えば、初夏に咲く牡丹《ぼたん》は豪華な感じがする。晩秋に咲く菊は凛《りん》とした孤高のイメージがある。夏の終わりに咲く蓮の花は、汚い泥の中からすっくと伸びて、清らかな大輪《たいりん》の花を咲かせる。蓮は花のなかでも、道徳を備えた君子の風格がある、という意味。

旧暦六月の季節の花は、中国では、ザクロ（石榴）ないしハス（蓮）とされる。ハスに関する言葉を取り上げよう。

北宋の儒学者・周《しゅう》敦《とん》頤《い》（一〇一七-一〇七三）が書いた「愛蓮説」は、「（自分が）ハスの花を愛することについての説明文」という意味の、短編のエッセイだ。中国人の多くは、中学校の「古文」の授業でこの文章を習う。日本でも、高校の漢文の教材としてときどき見かける。

以下はその全文である。

水陸草木之花、可愛者甚蕃。晋陶淵明独愛菊。自李唐来、世人盛愛牡丹。予独愛蓮之出淤泥而不染、濯清漣而不妖、中通外直、不蔓不枝、香遠益清、亭亭浄植、可遠観而不可褻玩焉。予謂菊、花之隠逸者也。牡丹、花之富貴者也。蓮、花之君子者也。噫！　菊之愛、陶後鮮有聞。蓮之愛、同予者何人？　牡丹之愛、宜乎衆矣。

大意は――水や陸の草木の花には、愛すべきものがたくさんある。晋《しん》の文人で俗世を避けて隠棲した陶淵明《とうえんめい》（三六五頃－四二七）は、ひとりキク（菊）の花を愛した。唐（六一八－九〇七）から現代まで、世の中の人々は盛んにボタン（牡丹）の花をもてはやす。しかし予は、ひとり、ハスを愛する。ハスは、汚い泥の中から咲くのに、汚れがない。清らかなさざ波に洗われても、こびるような色気はもたぬ。茎の内側は一筋の穴が通り、茎の外側はまっすぐに伸び、余計なツルも枝もないシンプルな姿だ。花の香は遠くまで届くうえ、さわやかだ。岸から離れた水の上にすっくと清らかにたたずむハスの花は、遠くから眺めることはできても、手に取って玩弄《がんろう》することはできない。そんなハスを、予は愛する。予が思うに、キクは花の中の隠者であり、ボタンは花のセレブだ。ハスは、花の中の君子である。ああ、キクを本当に愛することは、陶淵明が世を去ったあとは、ほとんど聞かぬ。ハスの本質を理解して愛することで、予と同様の人は、誰かいるだろうか。それに比べ、豪華であでやかなボタンの花が大衆受けするのは、まあ、しかたあるまい。

人間の生き方を三種類に分け、それぞれキク、ボタン、ハスになぞらえた随筆である。

俗世間は汚い。欲望や嫉妬など、ドロドロとした感情が渦巻いている。しかし人間である以上、間合いをとりつつ俗世間とかかわって生きてゆくしかない。間合いのとり方には、三種類がある。

第一はキク型。春や夏に咲き誇る花たちと一線を画し、晩秋に凛として咲くキクのような生き方である。晋の陶淵明は、役人生活に嫌気《いやけ》がさして、キッパリと辞職し、田舎に帰ってスローライフを送り、「菊を采《と》る東籬《とうり》の下《もと》、悠然《ゆうぜん》として南山《なんざん》を見る」云々の漢詩を詠んだ。陶淵明のような「高等遊民」も生きることができたという意味では、晋は古き良き時代だった。

第二はボタン型。初夏に咲くボタンは、あでやかな色気をもつ豪華な花だ。唐の時代、長安の都には、世界中から人、物、金が集まり、好景気の派手な時代になった。ボタンは、中国の繁栄と富強の象徴として、詩に詠まれ、絵画に描かれた。ボタンは美しいが、物欲と俗世間にどっぷりまみれている。

第三はハス型。周敦頤が生まれた宋の時代、中国文明の物量的成長は壁にぶちあたった。一方、遼《りょう》や西夏《せいか》など、中国の近隣国家は急成長をとげた。宋は、晋とも唐とも違う時代になった。しかし大衆は、過去の中国の栄光を忘れられず、ボタンの生き方にしがみついた。周敦頤は、儒学者として、新しい生き方を提唱した。ドロドロとした俗世間の現実に根を張りつつ、学問によって精神を磨き、清浄無垢《むく》な花を咲かせるハス的な生き方である。

晋の時代の雰囲気を明治・大正に、唐を昭和になぞらえるなら、宋は平成と令和に近いかもしれない。

英語の花言葉は、漢文古典とは違う。キク全般は「高潔」だが、赤いキクは「アイラブユー」、白いキクは「真実」、黄色いキクは「破れた恋」など。ボタンは「人見知り」「思いやり」など。ハスは「離れゆく愛」「雄弁」など。「離れゆく愛」は、花が水面から遠ざかって咲くイメージから。「雄弁」は、古代エジプトで雄弁な神オシリスにハスの花を捧げたことから。

仏教用語の「一蓮托生《いちれんたくしょう》」も、仏教独特のハスのイメージに由来する。

おせち料理やおでんの具のレンコンは、穴が多くて向こう側が見えることから「将来が見通せる」という縁起物でもある。

かほどに多様なイメージを喚起するハスは、やはり、花の君子と呼ぶにふさわしい。

その他にも、いろいろなタイプがありそうだ。

あなた自身は、何の花だろうか。

# 芸の教え

# 百忍成ルレ金ト

## 訳 「百忍、金《きん》と成る」。我慢を続けて耐え忍ぶと、黄金になる。

人間関係はストレスの連続だ。ひとつの屋根の下で家族と暮らしたり、同じ会社で同僚と長くいっしょに働き続けたりすると、気持ちの行き違いや、不愉快なことも出てくる。家や会社から飛び出したくなることもあるかもしれない。だが、そこをじっと辛抱することは黄金に匹敵する価値がある。耐え忍んで頑張り続ければ、いつかきっと報われる、という意味。

七月と言えば七夕である。日本では明治以降、七夕は新暦七月七日になった（「月遅れ」の八月七日に七夕の行事をする地方もある）。日本以外の東アジア諸国では、七夕の行事は今も旧暦七月七日に行う。七夕の夜は、天の川をはさんで輝く夫婦の星「牛郎織女《ぎゅうろうしょくじょ》」すなわち「牽牛星と織女星」（彦星と織姫）が一年に一度だけ会える、もし雨が降るとその年は会えない、云々というロマンチックな伝説も、東アジア共通だ。

「牛郎織女」は、なぜ永遠に新鮮な恋人気分でいられるのだろう。うがった見方をすれば、「遠距離恋愛」のおかげである。どんなに仲の良いカップルでも、四六時中顔をつきあわせて暮らせば倦怠《けんたい》感やストレスがたまる。

昔の中国は「宗族《そうぞく》社会」だった。宗族とは、父系同族集団の意である。親兄弟はもちろん、いとこ・はとこ・おおおじ・おおおば・ひいじいさん・ひいばあさん・ひまご・やしゃご……等々、何十人、何百人という大所帯の一族が、一つの村落に固まって暮らす。中国語の「親族呼称」が日本語や英語より複雑で緻密な原因も、儒教が教義の中心に家族道徳をすえ長幼の序や礼をやかましく説く理由も、ここにあった。

たしかに身内は頼りになる。しかし毎日、身内どうしで押し合いへし合いして暮らし、よめ・しゅうと・こじゅうと等の人間関係が果てしなく続くのは、しんどい。大昔の中国人は、夜、星空を見上げ、あこがれの気持ちも込めてこの伝説を作ったのかもしれない。

家族同居のストレスについては「百忍」の故事が有名である。

唐の時代、寿張《じゅちょう》（現在の山東省と河南省の境界にあった地名）の地に張公芸《ちょうこうげい》（五七八？－六七六？）という人がいた。彼の家は「九代同居」（「九世同居」とも言う）が続いたことで天下に名を知られていた。「祖父、父、息子」の三代同居や、曽祖父の世代も同居する四代同居は珍しくない。が、長寿者が続いての五代同居は、めっきり減る。九代同居ともなれば、中国史上でもまれである。親孝行や家族道徳を重んずる儒教の立場からすると、九代同居は天下万民《ばんみん》の模範だった。張の家は、北斉《せい》（五五〇－五七七）、隋（五八一－六一八）、唐（六一八－九〇七）の歴代王朝において、表彰を受けた。

唐の麟徳《りんとく》年間（六六四－六六五）のこと。第三代皇帝の高宗は、旅の途中、張公芸の家に立ち寄った。第二代皇帝・太宗の第九子に生まれた高宗は、若いころから皇帝の後継者争いに巻き込まれた。皇帝となったあとも、皇后は中国史上最強の女傑とも言われる則天《そくてん》武后《ぶこう》（武則天 六二三？－七〇五）で、妻の専横に苦しんだ。そんな高宗は、史上空前の「ビッグ・ダディ」である張公芸に、大家族が平和に同居する秘訣《ひけつ》をたずねた。

皇帝の下問に対し、すでに高齢であった張公芸は、筆を手に取り、紙に「忍」の一字を書いた。そして筆をふるい「忍」「忍」「忍」……と百字あまりも書き続けた。高宗は感嘆し、褒美の品として高価な絹織物を与えた。

この「百忍」の故事は、後世の人々の心を捉えた。漢詩や歌曲に詠まれ、芝居にも仕組まれた（十三世紀の元の雑劇『張公芸九世同居』はその一例）。江戸時代の儒学者・中江《なかえ》藤樹《とうじゅ》（一六〇八－一六四八）も「忍到百忍満腔春」（訓読は「忍んで百忍に到れば満腔《まんこう》の春」）云々という漢詩を作った。

張公芸の墓は、河南省濮陽《ぼくよう》市に今も残っている。彼の子孫は多い。各地に移り住んだ張氏の一族は、海外に出た華僑華人も含め、それぞれの移住先で先祖を祭る祠堂《しどう》を建てたが、それらはおしなべて「百忍堂」と名付けられている。今日ではインターネット上にバーチャルな百忍堂のホームページも公開されている。

むやみに辛抱するだけではダメだろうが、家族や同僚、近隣諸国との関係などにおいても、「百忍」の故事は一つのヒントになるかもしれない。

# 人ハ学ビレ猴ヲ、猴ハ学ブレ人ヲ

**訳**

## ヒトはサルをまね、サルはヒトをまねる。

中国の伝統演劇である京劇の芸の教え。「学」はここでは「まねる」の意。孫悟空を演ずる役者は、本物のサルの動作をまねる。だが、それだけでは、サルそっくりのヒトにすぎない。名優が孫悟空を演ずると、精神からサルになりきり、ヒトそっくりのサルになる。さらに究極の名優は、ヒトとサルの境界を超越した存在、孫悟空そのものになる、という意味のことわざ。

旧暦七月は別名「建申月《けんしんげつ》」で申《さる》の月にあたる。今回は、サルを取り上げる。

現代の日本人は「猿」と書くが、現代中国人はサルを「猴子」と言う。「猿猴取月」（猿猴《えんこう》、月を取る）という成語にあるとおり、文語ではサルの総称を「猿猴」とも言う。「猿」の原義は尾のない大型のサル（英語の*ape*）で、「猴」は尾がある小型のサル（英語の*monkey*）を指す。「猴」のなかでも、東アジアで普通に見られる「マカク属」のサルを特に「獼猴《びこう》」とか「猢猻《こそん》」と言うこともある。

世界で最も北に生息するサルであるニホンザルは、日本語では「日本猿」とも書くが、中国語では「日本獼猴」とか「雪猴」と言う。金色の体毛と長いしっぽをもつ中国のキンシコウ（ゴールデンモンキー）は、「金糸猴」と書く。中国語では、ゴリラは「大猩猩」、チンパンジーは「黒猩猩」、オランウータンは「紅毛猩猩」という。日本の「猩々《しょうじょう》」は妖怪の名前だが、中国語では類人猿を指す。今から五十万年前のヒトである北京原人は、中国語では「北京猿人」と言う。

古来、「猿知恵」「猿まね」「猿芝居」のように、サルの能力の限界を揶揄《やゆ》する比喩的表現や寓話は多い。でも、「ネコ知恵」「イヌまね」「ネズミ芝居」という言葉はそもそもない。ヒトには及ばぬとはいえ、サルの能力はたいしたものだ。ある意味では、ヒトはサルと大差ないかもしれない。シェークスピアの戯曲『リア王』のなかで、人間の酷薄さに絶望したリア王は「余計なものを引きはがしたら、ヒトなんて哀れな裸の二足獣にすぎぬ、おまえのような」*“unaccommodated man is no more but such a poor, bare, forked animal as thou art.”*（第三幕第四場）と、いきどおっている。

中国の「断腸猿」の挿話は、サルより「非人間的」なヒトの話である。

東晋《とうしん》の時代、桓温《かんおん》（三一二―三七三）という軍人政治家がいた。彼は軍隊を率いて、船で長江をさかのぼり、蜀の国（現在の四川省）に向かい、三峡《さんきょう》にさしかかった。川の両側に断崖絶壁がそそりたち、サルの鳴き声が響きわたるところで、古来、幾多の漢詩に詠まれた名所である。部隊の中に、面白半分にサルの子を捕まえた者がいた。子ザルを奪われた母ザルは、悲鳴をあげながら岸づたいに百里余り（五十キロメートル以上）も船を追いかけた。最後は船に跳びこみ、パタリと倒れて死んだ。試しに母ザルの腹を割いてみると、腸がずたずたに寸断されていた。その話を聞いた桓温は怒り、その部下を罷免《ひめん》した。——五世紀の古典『世説新語《せせつしんご》』が伝えるこの挿話は、科学的にはありえないので、「断腸の思い」を説明するための作り話という説もある。

筆者の専門は京劇研究である。古来、東洋の伝統演劇では、サルはヒトの鏡のような存在として尊重されてきた。日本の能楽は、江戸時代までは「猿楽《さるがく》」（申楽）と自称した。日本の狂言師も「猿に始まり狐に終わる」と言うとおり、人生の初舞台は小猿の役、というのが数百年続くならわしである。日本神話で俳優《わざおぎ》の祖とされる女神・アメノウズメは「猿女君《さるめのきみ》」の祖先で、彼女の夫は「猿田彦《さるたひこ》」である。

京劇の役者が語りついできたことわざ「人学猴、猴学人」は、孫悟空を演ずるための修練の奥義を表す。直訳は「ヒトはサルをまね、サルはヒトをまねる」。京劇のことわざの常として、意味用法は役者ごとに微妙に違う。上海の役者は「人学猴」でリアルなサルそっくりの機敏な孫悟空を目指すが、北京の役者は「猴学人」で神仙の品格をもつヒトのような孫悟空を目指す、という芸風の違いの説明で使う人もいる。「人学猴」は修練の初級で「猴学人」は上級だと主張する役者もいる。冒頭に書いた解釈も一説であり、定説ではない。

日本語の「猿まね」は、本質を理解せずうわべだけ他人のまねをする、という悪い意味で使われることが多い。しかし、実は「猿まね」は大事だ。あなたも私も、赤ちゃんのとき、ママの言葉の発音を猿まねして、言葉を覚えたのだ。大人だって、自分の専門分野以外は、仕事も生活もけっこう「猿まね」の部分が多い気がする。

また、ヒトを「猿まね」するサルと、サルを「人まね」するヒトを比べたら、どうか。ヒトがサルの木登りを「人まね」しても、サルには遠く及ばない。「人まね」も、たいしたことはない。

ヒトとサルを同列に並べる「人学猴、猴学人」という言葉には、大自然に対する謙虚さや、動物との親近感を感じる。

# 滅㆓却スレバ心頭ヲ㆒火モ自ラ涼シ

**訳** **心の雑念を消し去れば、火すらも涼しく感じられる**

苦悩や恐怖は心で感じるものだ。「心頭《しんとう》を滅却《めっきゃく》すれば火も自《おのずか》ら涼《すず》し」。禅の高僧のように、心の雑念を消し去って悟りの境地に至れば、もはや悩みも迷いもない。火の熱さすら自然と涼しく感じられるようになる。そんな、自分で自分の心を完全にコントロールできる境地を述べた言葉。日本語では「心頭（を）滅却すれば火も亦《ま》た涼し」と言う。

二十四節気の「大暑《たいしょ》」は、暦のうえでは一年でいちばん暑い日だ。日本列島は周囲を海で囲まれているため、寒暖の推移は、中国大陸より遅れる。日本では、七月より八月のほうが暑い。

古来、中国人は猛暑をしのぐ「消夏」（「銷夏《しょうか》」とも書く）の方法をいろいろ工夫してきた。「薬食同源」（薬と飲食物の根源は同じ）という考えかたがある。日本でショウガやネギ、トウガラシ、ゴマなどを「薬味」と呼ぶのも、その影響だ。中国人は薬味に限らず、飲食物はみな薬と同じだと考える。例えば、緑豆《りょくとう》や苦瓜《にがうり》、冬瓜《とうがん》、白キクラゲなどの食材には「清熱解暑」（解熱作用や暑気払い）の効果があると信じられている。

精神的な消夏法もある。「心静自然涼」（心が静かだと自然に涼しさを感じる）という成語は、今もよく使う。

唐の詩人・白居易《はくきょい》（七七二－八四六）は、《消夏》という五言律詩の中で、

　眼前無長物、窓下有清風。

眼前《がんぜん》に長物《ちょうぶつ》無《な》く、窓下《そうか》に清風《せいふう》あり。（部屋の無駄な物を片付けて目の前がスッキリすると、窓べのさわやかな風が感じられる）

　熱散由心静、涼生為室空。

熱《ねつ》の散《さん》ずるは心《こころ》の静《しず》かなるに由《よ》り、涼《りょう》の生《しょう》ずるは室《しつ》の空《くう》なるが為《ため》なり。（暑苦しさが消えたのは心が静かだからだ。涼しさが生まれたのは部屋がスッキリしたおかげだ）

云々《うんぬん》と詠んだ。

詩人の杜荀鶴《とじゅんかく》（八四六－九〇四）は、猛暑を精神力でしのぐ禅僧の姿を七言絶句に詠んだ。

《夏日題悟空上人院》

三伏閉門披一衲　三伏《さんぷく》　門《もん》を閉《とざ》して一衲《いちのう》を披《き》る
兼無松竹蔭房廊　兼《か》ねて松竹《しょうちく》の房廊《ぼうろう》を蔭《かげ》する無《な》し
安禅不必須山水　安禅《あんぜん》　必《かなら》ずしも山水《さんすい》を須《もち》いず
滅得心中火自涼　心中《しんちゅう》を滅《めっ》し得《う》れば火《ひ》も自《おのずか》ら涼《すず》し

タイトルは「夏日《かじつ》、悟空上人《ごくうしょうにん》の院《いん》に題《だい》す」（夏の日に、悟空という名の高僧の寺院に書き付けた漢詩）。意味は「三伏（グレゴリオ暦の七月中旬から八月上旬ごろ）の暑い時期。悟空上人は寺の門をとざし、僧衣をはおり、座禅する。禅寺《ぜんでら》の庭はシンプルだ。廊下に影を落とす松や竹もない。安らかな座禅に、築山《つきやま》や池をしつらえた涼しげな庭は必須ではない。心の中の雑念を消し去れば、火すらも自然と涼しいと思える」。

　この漢詩をもとに、「滅却心頭火自涼」ないし「滅却心頭火亦涼」という禅語が生まれた。「心頭」は「心と頭」ではなく、心の中、の意。日本の禅僧・快川紹喜《かいせんじょうき》（一五〇二？―一五八二）は、寺を織田信長の軍勢に焼き討ちされたとき「心頭滅却すれば火も亦《ま》た涼し」と唱え、平然と焼け死んだ。その信長も二か月後に燃え盛る本能寺で死んだ。

　今の時代は、クーラーもあるし、戦乱で焼き討ちにあうことも滅多にない。が、現代人も、火急の事態に見舞われ「心如火焚」（心が燃える火のようになる）とあせることは、よくある。そこまでのピンチでなくても、中国語の試験やコンテストの本番であがってしまい、ふだんの実力を発揮できぬ人も多い。

　現代でも、自分で自分をコントロールする精神力は、大切である。思わぬ災いに見舞われてもパニック状態にならず、「滅却心頭火自涼」という平常心で対処できたら、と思う。

# 金鶏独立

## 訳　黄金色に輝くニワトリが一本の足ですっくと立つ

雄鶏《おんどり》が朝の太陽の光を浴びて輝きながら一本足で立って鳴く、という健全で力強い姿を表す。転じて、人が片方の足をあげ、すっくと直立する姿勢を意味する。中国武術や体操、舞踊、演劇などで使う用語。「金鶏」の「金」は美称。「独立」は、ここでは「独脚」すなわち一本足で立つ意だが、「一本立ちする」あるいは「自主独立」のイメージともつながる。

旧暦八月は別名「建酉月《けんゆうげつ》」で酉《とり》の月にあたる。酉はニワトリを指す。

十二支の動物は、どれも正と負の相反するイメージをあわせもつが、ニワトリは特にその幅が、はなはだしい。まず良いイメージから述べよう。

古代中国の神話では、ニワトリは太陽信仰と結びついていた。漢代の伝奇的な地理書『神《しん》異経《いきょう》』によると、東の果ての、毎朝、太陽が海中から昇ってくるあたりの島には「玉鶏」「金鶏」「石鶏」が住んでいて、玉鶏が鳴くと金鶏が鳴き、金鶏が鳴くと石鶏が鳴き、石鶏が鳴くとそれに感応して世界中のニワトリが鳴く、とある。

紀元前二世紀の古典『韓詩外伝《かんしがいでん》』巻二では、ニワトリは「五徳」を備えたすぐれた鳥とされる。頭にトサカという冠をかぶる身だしなみは「文」。足にツメがあるのは「武」。闘鶏で敵と敢闘するのは「勇」。エサを見つけると「コッコッ…」と鳴いて仲間に知らせるのは「仁」。夜明けに必ず時をつくるのは「信」。並の人間より、よほど立派だ。

「聞鶏起舞《ぶんけいきぶ》」（ニワトリの鳴き声を聞いて起きて舞う）は、早起きの鍛錬を言う成語。東晋《とうしん》の祖逖《そてき》と劉琨《りゅうこん》が、未明のニワトリの声を聞いて起床し、剣舞をおこなって心身を鍛え、救国の名将となった故事にもとづく。

中国映画の「金鶏奨」（日本語では「金鶏賞」と訳す）は、米国のアカデミー賞に相当する権威ある映画賞だが、副賞は「オスカー像」ならぬ黄金色のニワトリの像で、「金鶏」の良いイメージにあやかっている。

ニワトリには、知能が低くて体も小さいという、悪いイメージもある。

「殺鶏焉用牛刀」（ニワトリを殺すのに、どうして牛刀が必要だろうか。必要ではない）は「小者を相手にするために、大がかりなことは必要ない」の意。「牛刀割鶏《ぎゅうとうかっけい》」とも言う。出典は『論語』陽貨《ようか》篇に見える孔子の言葉「割鶏焉用牛刀」（鶏《にわとり》を割《さ》くに焉《いずく》んぞ牛刀《ぎゅうとう》を用《もち》いん）。原典では「殺鶏」ではなく「割鶏」である。

「殺鶏嚇猴」（ニワトリを殺してサルを脅す）は「殺鶏給猴看」（ニワトリを殺してサルに見せる）とも言う。「関係のない者を見せしめにして、相手をふるえあがらせ、思いどおりにこき使う」の意。猿回しの芸人が、サルの目の前で、ニワトリに芸を指示する。当然、ニワトリは芸ができない。芸人はその場でニワトリを殺す。サルは恐怖し、芸人の指示どおり芸をするようになる――というブラックな調教法は虚構だろう。ともあれ、ニワトリは、サルより頭が悪く、殺しても惜しくない家禽《かきん》として引き合いに出されている。

「寧為鶏口、無為牛後」（寧《むし》ろ鶏口《けいこう》為《た》るとも牛後《ぎゅうご》為《た》る無《な》かれ）は「大きな牛の臭い尻になるより、小さくとも気の強いニワトリのクチバシになるほうがましだ。大集団の末端に隷属するより、小組織のリーダーになれ」の意。「鶏口牛後」とも言う。出典は、紀元前一世紀の古典『戦国策』。この成語のニワトリは、弱小というマイナスのイメージと、自主独立の勇気というプラスのイメージをあわせもつ。

西洋の「独立」と意味合いは違うが、中国人も「独立」の力強いイメージを好む。「金鶏独《きんけいどく》立《りつ》」は好感度が高い字面なので、意味合いは変わるが、囲碁の布石や麻雀の「ローカル役」（一部地域で採用されている非公式の役）の用語としても使われる。

芝居の世界でも「金鶏独立」にまつわる挿話がある。

昔、蓋叫天《がいきょうてん》（一八八八―一九七一）という京劇俳優がいた。『水滸伝』の英雄・武松《ぶしょう》を演じた時、高いところから飛び降りる演技をした。舞台のセットの欠陥のせいで、着地点がずれた。右足の骨が折れ、皮膚を突き破った。だが武松は英雄。倒れ伏すわけにはゆかない。蓋叫天は激痛を隠し、幕がおりるまで「金鶏独立」の不動の姿勢を保った。観衆は、幕がおりたあと初めて事故を知り、その役者魂を褒めたたえた。

ヒトにとって「金鶏独立」は、平衡感覚と修練を要する特殊な姿勢だ。実は、ニワトリなどの鳥類にとっては、むしろリラックスできる楽な姿勢らしい。ともあれ、人間の勝手なイメージとは「独立」して、ニワトリは今日も「金鶏独立」の姿勢をとっている。

# 七月半、鬼《き》乱《らん》竄《ざんス》

**訳** **旧暦七月半ばは、死者の霊魂があちこちに走り回る。**

旧暦七月半ばの時期には、あの世から帰ってきた死者の霊魂や、成仏できない無縁仏の霊魂があちこちに出没して騒ぎを起こすので、気をつけよう、という意味。「半」と「竄」で韻を踏む。中国語の「鬼」は「死者の霊魂」とか「お化け」の意。日本の「オニ」とは違う。

八月十五日の「月遅れの盆」は日本では「お盆休み」になる。本来のお盆は旧暦七月十五日だ。地方によっては今も旧暦もしくは新暦の七月十五日をお盆とする。中国では、旧暦七月十五日の「七月半」の時期を、仏教では「盂蘭盆会《うらぼんえ》」、道教では「中元節《ちゅうげんせつ》」と呼び、慰霊の伝統行事を行う。日本の「お盆」も中国の「七月半」も、そして西洋のハロウィンも、根底にある死生観は同じだ。私たちが住むこの世と、死者の霊魂が住むあの世の間には、目に見えない関門がある。日本語で「地獄の釜の蓋もあく」と言うように、この関門は毎年の一時期だけ開く。その間、死者の霊魂は、あの世からこの世の子孫を訪ねてくる。この世の人間は、霊魂の道しるべとするため、また、邪気を払う魔よけのため、夜、かがり火をたき、ろうそくをともし、目に見えない霊魂を迎え、もてなす。供養を受けた霊魂は、満足してあの世に戻る。このような世界各地の土俗的霊魂観は、仏教や儒教、キリスト教などのいわゆる「高等宗教」が広まったあとも、民間の習俗として残った。

中国仏教の盂蘭盆会は「目連救母《もくれんぐも》」の説話に由来する。昔、釈迦の弟子であった目連は、神通力を使い、死んだ母親を透視した。母親は生前の罪障のせいで「餓鬼道《がきどう》」に落ち、飢えに苦しんでいた。目連が供養《くよう》を施すと、その功徳《くどく》によって母親を含むあの世の亡者たちは救われたという。これが「盂蘭盆会」の由来である。

「盂蘭盆」の語源は、「逆さ吊《づ》り（にされるほどの苦痛）」を意味するサンスクリット語「ウランバナ」の音写というのが定説だが、霊魂を意味する古代イラン語「ウルヴァン」説もある。いずれにせよ、実は「目連救母」も「盂蘭盆会」も、先祖供養が大好きな中国人に仏教信仰を広めるため、あとから中国で作られたものだ。後に話がふくらんで、目連が母親を救う地獄めぐりをする物語が生まれ、芝居や語り物の題材になった。日本の盆踊り唄《うた》にも「目連尊者の地獄めぐり」がある。

日本の「お中元」の語源は、道教の「中元（節）」だ。道教の世界観では、天帝を頂点とする多数の神々が官僚組織を作りこの宇宙を統治している。地底に広がる冥府《めいふ》（あの世を治める役所。あの世そのものを指す場合もある）の長官は「地官大帝《ちかんたいてい》」という神様だ。「大帝」は、この場合は神の位の高さを示す。

道教では神様にも誕生日がある。旧暦一月十五日は天官大帝の誕生日で「上元節」。旧暦七月十五日は地官大帝の誕生日で「中元節」。旧暦十月十五日は水官大帝の誕生日で「下元節」。あわせて「三元」と呼ぶ。古来、死者の霊魂をもてなす慰霊祭は、田畑の実りを感謝する収穫祭に近い時期に行われてきた。冥府の長官の祭日である「中元節」も、この季節に設定された。死者の霊魂がやすらかな気持ちで冥府に行けるよう、酒やごちそうを供え、歌舞《かぶ》音曲《おんぎょく》や芝居などのパフォーマンスを行い、罪業消滅を祈り、最後は灯明を川に流す灯籠《とうろう》流しで見送る祭事が行われる。

「七月初一鬼門開、七月十四鬼乱竄」という民間のことわざもある。あの世とこの世の関門は旧暦七月一日に開き、七月三十日に閉じる。その間、目に見えない霊魂や不吉な「陰気」が増える。その度合いは中元節の前夜である十四日に最大になる、とされる。昔は旧暦七月全体を「鬼月」と呼び、結婚や引っ越しを避ける中国人も多かった。現代では、これらの迷信にこだわらない中国人も多い。

　昔の日本の「神仏習合」と同様、中国の民間信仰でも道教と仏教は混ざりあった。仏教の盂蘭盆会と道教の中元節の風習は混交しつつ日本にも伝わった。日本のお盆では、夜、男女が一緒に交ざって踊りを楽しむ盆踊りとか、日ごろお世話になっている人に感謝の品を贈る「お中元」とか、独特の風俗習慣が付け加わった。お盆の帰省ラッシュの混雑も、日本の風物詩だ。渋滞に巻き込まれてイライラしたとき、お盆をめぐる悠久の歴史に思いをはせると、少しは気が紛れるかもしれない。

# 嫦娥奔《はし》ルレ月ニ

**訳** **「嫦娥《じょうが》、月に奔る」。嫦娥が月に逃げた。**

中国の神話。太古の昔、嫦娥（本来の名は姮娥《こうが》）という女性がいた。彼女は、夫がもっていた不老不死の薬を飲み、夫と別れて、自分だけ夜空の月にのぼった。なぜ彼女は逃げたのか、その理由には諸説がある。毎年、旧暦八月十五日にお月見をする中秋節の習俗も、中国では嫦娥の神話と関連づけられている。

旧暦の八月十五日の中秋節は、東アジア各地で月見や祝祭が行われる。日本では休日扱いではないが、中国では連休である。中国では、中秋節は春節（旧正月）に次ぐ大切な祝日だ。ふだん離れて暮らす家族も実家に戻り、一家団らんを楽しむ。夜空に輝く名月を眺めながら、「団円」を象徴する月のように丸くて甘い菓子、月餅を食べる。

中秋節の習俗の起源は、大昔にさかのぼる。今から約三千年前の周の時代には、天子は、春分には太陽を祭り、秋分の前後の満月のとき月を祭った。

古代人にとって月は神秘的な天体だった。詩人の屈原《くつげん》（前三四三頃～前二七八頃）は、連作の詩『天問《てんもん》』の中で、こう詠んだ。

夜光何徳
死則又育
厥利維何
而顧兎在腹

夜《や》光《こう》は何《なん》の徳《とく》ありてか
死《し》すれば則《すなわ》ち又《また》育《いく》する
厥《そ》の利《り》　維《こ》れ何《なん》ぞや
而《しか》して顧《こ》兎《と》　腹《はら》に在《あ》るか

意味は「夜空に輝く月は、死んで暗黒になると、また光りはじめて復活する。それはどんな力のおかげなのか。月の黒い影は何か。月の腹の中には〝顧兎〟がいるのだろうか」。顧兎はウサギ説が有力だが、ヒキガエル説やトラ説もある。

漢字「月」は、暗黒から復活したばかりの三日月を描いた象形文字だ。「月」の二本の横棒は、白い月の黒ずんだ影を示す。月の模様の正体は何か。国土が広く、歴史も古い中国では、複数の説話が併存している。月に生えている巨大な桂《かつら》の木「月桂」という説。呉剛《ごごう》という男が桂を切る姿という説。「蟾蜍《せんじょ》」すなわちヒキガエル説。「玉兎」というウサギが臼《うす》で仙薬をつく姿という説(日本では、餅をつく、に変化した)。

月に関する説話の中でも最も有名なのが「嫦娥奔月」の話である。

まだ神と人間の境界線が曖昧だった太古の昔。「羿《げい》」という名の弓の名手がいた。彼の妻は「姮娥」という仙女だった。「娥《が》」は美女の意で、「姮《こう》」は「恒《こう》」に通じる。姮娥は「永遠の美女」の意の記号的名称である。紀元前二世紀に成立した古典『淮南子《えなんじ》』が伝える神話によると、羿は、西王母《せいおうぼ》という格の高い女神から不老不死の薬をもらいうけて秘蔵していたが、妻の姮娥はその薬を盗んで飲み、自分だけ昇天して月の世界に渡った、という。後に、前漢の皇帝・文帝の名前が「劉恒《りゅうこう》」であったことから、皇帝の個人名と似た文字を使うのは恐れ多いという理由で、姮娥は同様の意味の「嫦娥」という名前に書き換えられ、そのまま今日に至っている。

「嫦娥奔月」の説話は、男女のあいだの溝、という人類の永遠のテーマとも関連する。人々の想像力を刺激し、詩や絵、芝居、小説のモチーフとなった。彼女が逃げた理由も、さまざまに語られてきた。地上の生活を嫌って夫を捨てたという裏切り説。夫の留守中、夫の悪い弟子から逃げるためやむなく薬を飲み昇天したという緊急避難説。夫に浮気をされて怒ったという復讐説。……嫦娥のその後についても諸説ある。美しい仙女の姿で月の模様になっているという説、醜いヒキガエルの姿となったという説、等々。

一説によると、地上に残された羿は悲しみにくれ、妻と再会できるよう月に供えものをして祈った。願いは天に通じた。嫦娥は一年に一度、中秋の満月の夜だけ地上に戻り、夫と過ごした。これが中秋節の起源だ、とする説話もある。

十六世紀の古典小説『西遊記』にも、嫦娥が出てくる。天上界の軍神であった天蓬《てんぽう》元帥は、酒に酔った勢いで月宮の嫦娥にからみ、罰として地上に落とされ、猪八戒に生まれ変わる。

二十一世紀、日本が打ち上げた月周回衛星は「かぐや」と名付けられたが、中国の月探査機は「嫦娥」と名付けられた。

嫦娥はなぜ月に逃げたのか。人はなぜ「嫦娥奔月」の話に心をひかれるのか。中秋の名月を眺めながら考えてみるのも、乙《おつ》かもしれない。

# 児不嫌母醜、狗不嫌家貧

訳 **母親の顔が不細工でも息子は嫌がらない。飼い主の家が貧乏でも飼い犬は嫌がらない。**

「児《こ》は母《はは》の醜きを嫌わず、狗《いぬ》は家の貧しきを嫌わず」。子どもは母親が大好きだ。母親の顔のよしあしは関係ない。イヌは飼い主になつく。飼い主が金持ちか貧乏かは関係ない。子どもも動物も純真だ。イヌでさえ、飼い主への恩を忘れない。もし自分の家が貧乏でも、親の風采が上がらなくても、かけがえのない家族なのだから、大切に思わねばならない、という戒めの意味。

旧暦九月は別名「建戌月《けんじゅつげつ》」で戌《いぬ》の月にあたる。今回はイヌを取り上げる。十二支の動物のなかでも、イヌは気の毒だ。日本語でも中国語でも「おまえはイヌだ！」とか「你是狗！」などと言われたら、良い気はしない。「おまえはトラだ！」「竜だ！」と言われたら、まんざら悪い気はしない。

日本の常用漢字では「子・午・未・申」を、人名漢字では「丑・寅・卯・辰・巳・酉・亥」を収録する。のけ者は「戌」だけだ（中国では、日本の常用漢字に相当する「一級字」の中に

「戌」も入っている）。
ヒトがまだ農耕を知らなかった太古の昔。野生のオオカミの一部がヒトに飼い慣らされ、イヌという家畜になった。近年、中国科学院とスウェーデン王立工科大学の国際研究チームは、世界各地のイヌとオオカミのゲノムを解読した。研究の結果、イヌの家畜化は今から三万三千年前に中国南部で始まったことを突き止めた。イヌという最良の友を得た人類は、狩猟が格段に効率的にできるようになり、旧石器時代の厳しい環境を生き延びた。

イヌとヒトのつきあいは、中国がいちばん長い。にもかかわらず、「犬」を含む漢字を見ると、複雑な気分になる。

「旁（つくり）」に「犬」を含む「伏」は、ヒトとイヌが寄り添うから「仲良し」の意になる――なんてことはない。屈伏するさまを表す。昭和二十年八月のポツダム宣言受諾のとき、日本が連合国に「降伏する」という表現はあまりに屈辱的だから、「降譲」ないし「降服」という表現を使え、という主張が国内でわき起こった。「伏」が「犬」を含むため嫌われたのである。

「獻（献）」の左半分は、虎の飾りと三本の袋足がついた古代の食器を示す。古代の宮廷料理や祭祀では、王や神に、イヌの肉を煮てうやうやしくささげた。今でも、中国の一部地方ではイヌの肉を好んで食べる。

「偏（へん）」に「犬」を含む「狗」は「句（＝勾）のように小さくかがむイヌ」。古代においては小さなイヌを意味したが、現代中国語ではサイズに関係なくイヌ全般を「狗」と言う。「犬」は、今は文語として成語や熟語の中でのみ使われる。なお「犬」は漢字の左部分の「偏」として書くときは「犭」（けものへん）になる。

「犯」、「狂」、「狡」、「猜」も、語の印象は良くない。「猜」は現代中国語では「推測する」「答えを当てる」の意だが、日本語で「猜疑心《さいぎしん》」と言うとおり、本来の意味は「そねむ」「疑い深い」だ。古代中国人は「青い犬」（現代日本人の色彩感覚では「黒い犬」）は疑い深く人になつかない、と信じた。

成語でも、イヌの扱いはひどい。

「狡兎死走狗烹」（「狡兎《こうと》死して走狗《そうく》烹《に》らる」。すばしっこいウサギをつかまえたあと、用済みになった猟犬は鍋の具材にされる）とか、「懸羊頭売狗肉」（日本では「羊頭狗肉《ようとうくにく》」）、「狗嘴裏吐不出象牙」（イヌの口から象牙《ぞうげ》は出ない。つまらぬ人間の口から良い言葉は出ない）等々。

イヌを良い意味で引き合いに出すことわざも、ないわけではない。南宋の禅僧・梵琮《ぼんぞう》は、その詩「偈頌《げじゅ》九十三首」の中で「犬不択家貧、子不嫌母醜」（犬は家の貧しきを択《こば》まず、子は母の醜きを嫌わず）と書いた。中国の親はこの言葉を引用し「だから家族を大切にしなさい」と子どもをたしなめた。子どもは内心（イヌと一緒にされて、やだな）と反発する。そんな子どもも、自分が大人になって親になると、この言葉を使って子どもにお説教する。代々それを繰り返すうちに、文語の「犬」は口語の「狗」に変わり、今日に至っている。

ヒトの進化は、自己家畜化の歴史だ。ヒトはイヌを家畜化し、ヒト自身をも「文明」という装置を使って飼い慣らしてきた。「社畜」化は今に始まったことではない。ヒトの言葉の中のイヌが悲惨である一因は、親近感の裏返しだ。ヒトは、家畜化されたみずからの姿を「最良の友」に重ね、自嘲してきたのである。

# 満城尽《ク》帯《ビン》黄金《ノ》甲《ヲ》

## 訳　町中が黄金の甲冑《かっちゅう》で埋め尽くされる。

唐の時代の末、黄巣《こうそう》という名の反逆者が、社会に対する恨みを詠んだ漢詩の句。旧暦九月九日の重陽の節句は、菊の花が咲く時分であることから「菊の節句」とも呼ばれる。その前日、唐の都・長安の町も、美しい黄色い花で埋め尽くされた。その光景は、まるで黄金色の甲冑に身を固めた反乱軍が都を占領したかのようだ、という意味。

冷暖房が発達した現代と違い、昔の人は季節の推移に敏感だった。

一年で最初に咲く花は、まだ雪が残っている晩冬ないし早春に咲く梅。その後、蘭《らん》や牡丹《ぼたん》や薔薇《ばら》など、さまざまな花が開花する。百花繚乱の季節のあと、一年の最後をしめくくる花は、晩秋の菊。菊が枯れると、花の無い冬の季節だ。

旧暦九月九日の重陽節は、菊の花の時分で、菊の節句とも呼ばれる。日本語では「九《く》」は「苦《く》」と同音で、不吉な数字とされる。中国語の発音では「九」と「苦」は違う。「九」は同音の「久」（末永く続く）と通じるめでたい数字とされる。一月一日、三月三日、五月五日、七月七日など同じ「陽数」（奇数の意）が重なる節句の中で、九月九日だけが「重陽」と呼ばれ、特別視されるゆえんである。

重陽節を祝う風習の起源については諸説があるが、約二千年前の漢の時代には広まっていた。時代や地域によって詳細は異なるが、重陽節には、家族が集まって団らんを楽しみ、丘や小山など高いところにピクニックに行き、菊の花をひたした「菊酒」を飲む。菊花の成分には解毒作用があり、漢方薬にも使われる。中国人は今も「菊花茶」を飲む。日本でも刺身がいたまぬよう菊の花を添える。

古来、菊の節句を詠んだ詩歌は多い。なかでも、唐王朝の末期、「黄巣《こうそう》の乱」を起こした黄巣（?～八八四年）が詠んだ七言絶句《不第後賦菊》（「不第の後、菊を賦《ふ》す」科挙の試験に及第できなかったあと、菊の花を詠んだ）は有名である。

待到秋来九月八　我花開後百花殺
衝天香陣透長安　満城尽帯黄金甲

待《ま》ち到《いた》る秋来《しゅうらい》九月八《くがつはち》　我《わ》が花開《はなひら》く後《のち》　百花《ひゃっか》殺《か》れん
天《てん》を衝《つ》く香陣《こうじん》　長安《ちょうあん》に透《とお》り　満城《まんじょう》　尽《ことごと》く帯《お》びん
黄金《おうごん》の甲《よろい》を

若き日の黄巣は、高級官僚になる夢をもち、難関の官吏登用試験である「科挙《かきょ》」を何度も受験した。しかし合格できなかった。今年もダメだった……。黄巣は、喜びにわく合格者の姿を尻目に、長安の都の道をとぼとぼ歩いた。道ばたに咲く花が目にしみる。彼は思った。

俺の姓は黄だ。菊の花は黄色い。俺は遅咲きの菊なのだ。今に見てろ。いずれ俺の時代が来る。九月九日の重陽節が来る。その前日が決起の日だ。今から待ち遠しい。早咲きの花ども、今のうちにせいぜい喜ぶがいい。俺の花が咲いたら、おまえらは皆殺しだ。その日、天をつく猛烈な菊の香りが、長安の都にしみわたる。黄色い菊の花が、黄金色の甲冑で身を固めた俺の軍隊が、この腐った都を埋め尽くすのだ。……

　科挙で挫折した黄巣は、塩の密売人となって富を蓄え、反乱を起こした。反乱軍は長安を占領し、唐の百官を虐殺した。黄巣は皇帝を自称したが、唐軍の逆襲にあい、敗死した。

「満城尽帯黄金甲」は、表面的には、黄金色の菊の花が町いっぱいに咲く美しい秋の風景を詠んでいるが、裏の意味では、自分の存在をないがしろにする世間への復讐を誓った呪詛《じゅそ》の言葉だ。中国では有名な詩句である。二〇〇六年、張芸謀《チャンイーモウ》監督は《満城尽帯黄金甲》というタイトルの歴史映画を制作した。中国の観客はこのタイトルが暗示する映画の結末を理解した。二〇〇八年に日本で公開したとき、日本の観客は黄巣の漢詩を知らないため、邦題は『王妃の紋章』とされた。

　中国人が「満城尽帯黄金甲」という詩句に心をひかれる理由は、一部の成功者と大都会の繁栄の影で、社会の破滅を夢みる者がいる、という状況に、妙なリアリティーを感ずるからである。今もどこかで、黄巣のような人間が息をひそめているかもしれない。

# コオロギと中国人

# 虹蔵《レテ》不《レ》見《エ》

**訳　虹、かくれて見えず。**

旧暦の「七十二候」の一つで、時季を表す語。この時分、天気はますます寒くなり、冬景色になる。冬眠をする生き物たちは、だんだん姿を見せなくなる。初冬までは見えていた虹も、暦の「虹蔵不見」を境に、翌年の春が来るまでどこかにかくれて見えなくなる、という意味。

暦には、太陽の運行にもとづく太陽暦と、「太陰」すなわち月の運行にもとづく太陰暦がある。例えばグレゴリオ暦は太陽暦、イスラム暦は太陰暦である。

太陽暦は、日照時間や四季の推移、動植物の生育と連動している。農業など産業活動に便利だ。現代の中国でも「公暦」と称してグレゴリオ暦を採用している。

一方、電気も精密な時計もなかった昔は、太陰暦も便利だった。月は天然の街灯だ。月見やお盆など夜の伝統行事は、十五夜の満月の夜に行う。漁業や航海に大切な満潮と干潮のサイクルも、月の満ち欠けと連動している。日本の武将・新田《にった》義貞《よしさだ》は、月明かりを利用した夜襲と、引き潮のタイミングを見計らった奇襲攻撃を組み合わせて稲村《いなむら》ヶ《が》崎《さき》の海岸を突破し、鎌倉幕府を一気に攻め滅ぼした。昔、月は重要だった。

中国の旧暦は「太陰太陽暦」である。月日の日付は月の満ち欠けを基準とするが、立春とか立冬など季節の推移については一太陽年を二四等分した二十四節気や七十二等分した七十二候を使い、農作業にも配慮した。中国で旧暦を農暦と呼ぶゆえんである。

古代中国の経典『礼記』「月令」の初冬のくだりには「水がはじめてこおる。キジは海に入って大きなハマグリに変身する。虹はかくれて見えなくなる」とある。同様に、七十二候でも「水始氷」、「地始凍」、「雉入大水為蜃」、「虹蔵不見」を順に立てている。「キジが海に入って」云々は科学的にはナンセンスだが、古代人はそう信じた。なお日本の旧暦の七十二候では、わが国の気候風土に合わせ、「水始氷」を「山茶始開《つばきはじめてひらく》」（サザンカの花が咲きはじめる）、「雉入大水為蜃」を「金盞香《きんせんかさく》」（スイセンの花が咲きはじめる）と改めた。「地始凍」と「虹蔵不見」は日本でも同じである。

「虹」という字は「虫」（蛇のように這《は》いずりまわる生き物）に「工」（スコーンと穴をあける）と書く。古代中国人は、天空を半円状に貫く虹は、竜に似た巨大な生き物だと考えた。雨のあと、日光がじゅうぶん強いと、太陽と反対側の空に「双重彩虹」（二重の虹）が見える。内側の鮮明な主虹は「虹《こう》」。外側のぼんやりとか細い副虹は「霓《げい》」。両者をあわせて「虹霓」とか「霓虹」と呼ぶ。虹はオスで霓はメスとされる。

『旧約聖書』のノアの方舟《はこぶね》の話のラストでは、神様が大空に契約のしるしの虹をかける。西洋、および近代西洋の影響を受けた現代中国では、虹は希望と祝福のシンボルだ。古代中国では、虹は悪い予兆だった。劉向《りゅうきょう》の『淮南子《えなんじ》』「泰族訓《たいぞくくん》」には「国危亡而天文変、世惑乱而虹霓現」（亡国の危機が迫ると天体の動きが変わり、世の中が乱れると虹霓《こうげい》があらわれる）とある。蔡邕《さいよう》の『月令章句《がつりょうしょうく》』には「夫陰陽不和、婚姻失序、即生此気」（そもそも、陰と陽が不和になったり、婚姻の秩序が乱れると、この虹霓という「気」が生じる）とある。

司馬遷の『史記』「魯仲連《ろちゅうれん》・鄒陽列伝《すうようれつでん》」にも、内乱の予兆を示す「白虹貫日」（「白虹、日を貫《つらぬ》く」。白い虹が太陽を貫通する）という成語が出てくる。「白虹」は、薄い雲にかすむ太陽のまわりにできる「日暈《ひかさ》」のこと。レインボウではないが、古代中国人はこれも「虹」に含めた。中国の知識人は、唐のころには虹が純粋に光学的現象であることに気づいたが、その後も言葉のあやとして「白虹貫日」は使われ続けた。日本でも、大正時代の米騒動のとき大阪朝日新聞が記事のなかで「白虹日を貫けり」云々と書いて政府を批判し、激しい言論弾圧を受けた（白虹事件）。

冬のあいだ見えない虹が再び姿を見せるのは、翌年の晩春、七十二候の一つ「虹始見《にじはじめてあらわる》」の時分である。長い冬の向こうに待っているのは、不吉の虹か、希望の虹か。気にしてもしかたないが、人情としてはちょっと気になる。

# 猪是満身宝、誰也離不了

**訳 ブタは体中が宝である。誰もブタから離れて生活できないほど、ブタは有用だ。**

中国語のことわざ。「宝」と「了」で韻を踏む。日本では、クジラやアンコウは「捨てるところがない」と言う。同様にブタも、中国人にとっては捨てるところがない。肉や脂身はもちろん、耳やひづめ、骨や血、内臓、脳なども料理の食材として使える。ブタの皮や毛も、材料として役立つ。ブタだからと軽く見てはいけない、という意味。

旧暦十月は別名「建亥月《けんがいげつ》」で亥《い》の月にあたる。今回は「猪」を取り上げる。

十二支の「亥」は、動物の「猪」にあてられる。日本漢字の「猪」はイノシシだが、日本以外の漢字文化圏では、中国語も含め「猪」はブタを指す。『西遊記』の猪八戒も、イノシシではなくブタの化け物だ。イノシシは、中国語では「野猪」とか「山猪」と言う。

現代人がブタと言うと、近代の西洋で品種改良された、かわいらしい白ブタが思い浮かぶ。しかし、中国の在来種のブタは、より原種に近いタイプの黒豚だ。昔の『西遊記』の本の挿絵を見ると、猪八戒の顔は黒くて長く、口からは牙がとびだし、目は鋭くつりあがり、精悍《せいかん》で獰猛《どうもう》な顔つきだった。その中国でも、今どきの絵本やテレビの猪八戒の顔は、色白の肥満体で目がパッチリとした西洋種の白ブタになってしまった。

　中国人とブタのつきあいの歴史は長い。

「家」は人が住む建物なのに、うかんむりの下に「豕」（字音〈漢字の読み方のひとつ〉はシ）と書く。古代の中国人にとって、「豕」つまりブタは、それだけ身近で大切な家畜だった。なお「豕」の字源はブタやイノシシの姿を描いた象形文字で、当初は両方の動物を指したが、時代が下るにつれて、ブタを指すことが多くなった。

「猪」は、本来は「豬」と書いた。肉づきが豊かな「豕」の意だ。「者」は、「豪奢《ごうしゃ》」の奢の字にも含まれるように、豊かの意。「猪」は「豬」の異体字だが、今は「猪」のほうが普通に使われる。

「豚」は「にくづき」（漢字の偏のひとつ）に「豕」。「豚《とん》」の語源は、「駐屯」の屯《とん》や、「鈍重」の鈍《どん》と共通である。ウマやヒツジやウシは遊牧にも適した家畜だが、足が短く鈍重な豚は、長距離の移動が苦手で、定住民が飼育するのに適していた。

「彘」という漢字もブタの意。「人彘《じんてい》」の陰惨な故事は、有名である。漢の初代皇帝・劉邦は、戚夫人《せきふじん》という若い側室を寵愛した。劉邦の正妻だった呂后《りょこう》は、戚夫人を憎み、夫の死後、残酷なしうちをした。司馬遷の『史記』によると、呂后は、戚夫人の手足を切り落とし、目や耳やのどをつぶしてトイレに押し込め、「人彘」（ヒトブタ）と呼ばせた、という。

「人彘」は極端な事例だが、一般に、昔の中国のブタはトイレと縁が深かった。ブタは、人《じん》糞《ぷん》や残飯なども食べてくれるエコな家畜だった。農村のことわざで「大糞三千石、肥猪八百千」(三十万リットルの大量の人糞があれば、それを餌として、肥えたブタを八百頭から千頭くらい育てられる)と言う。また「人養猪、猪養田、田養人」(人はブタを養い、ブタの排泄物は畑の肥料となり、畑の収穫物は人を養う)とも言う。昔の感覚では、特に不潔というわけではなかった。日本人だって、昭和三十年代までは、人糞肥料で育てた野菜や米を食べていたのだ。

　禅の公案(悟りを開くための例題)のひとつに「那箇是不精底」というのがある。日本の禅宗では「那箇《なこ》か是《こ》れ精底《しょうてい》ならざる」と読む。「どこの部分が上等じゃないのか。上等じゃないところなんて、ない」という意味の古い中国語で、現代中国語に直訳すると「哪個不是精的?」となる。

　唐の時代、盤山宝積《ばんざんほうじゃく》という禅僧がいた。市場を歩いていると、肉を売る店があった。ブタをまるごと一頭、切り売りしている。ある客が「上等のところの肉を一斤《いっきん》、切ってくれ」と言った。店の主人は包丁を置き、「お客さん。上等の肉じゃないところが、ありますかね」と言った。ブタは捨てるところがない。どの部分だって、他に代えがたい食材だ。主人の言葉を耳にした宝積禅師は、ハッと真理を悟った。

　人生も、勉強も、一見すると無駄な時間が多い。でも本当に、無駄な時間なのだろうか。

私は、あるスーパーのレジ打ちの女性の話を思い出す。

田舎から出てきて東京の大学を出た女性がいた。理想の就職先が見つからず、仕事を転々と変えた。あるとき彼女は、何をやっても長続きしない自分に嫌気がさし、レジ打ちの仕事を頑張ることにした。買い物客は老人が多かった。彼女は客の買った品物を見て、短い言葉をかけた。尾頭付きの鯛を買った客には「今日は何かいいことがあったんですか」。チョコレートを買った客には「もっと安いチョコレートがあちらにありますよ」。とんだ無駄口だ。ある日、ふと気づくと、彼女のレジだけに、店が困惑するほど長蛇の列ができていた。特売品を買うためではない。彼女と毎日、一言話すことを楽しみにスーパーに足を運ぶ客が、ものすごい数になっていたのだった（木下晴弘『涙の数だけ大きくなれる！』より）。

何気ない雑談が、他人の人生の潤いになることもある。人生に無駄なことは、一つもないのかもしれない。

# 不大不小的老鼠——最刁

訳

**大きくも小さくもないネズミ。そのこころは、いちばんずるがしこい。**

ネズミには、モルモットのような大型種も、カヤネズミのような小型種もいる。ヒトにとって厄介《やっかい》なイエネズミのサイズは中くらいで、壁や柱をかじり、食べ物をかすめ、たくみに隠れ、繁殖力も旺盛だ。同様に、悪人も、大物や小物ではなく中くらいが最もあざとい、という意味の歇後語。

旧暦十一月は別名「建子月《けんしげつ》」で子《ね》の月にあたる。今回はネズミを取り上げる。

「甲乙丙丁……」の十干《じっかん》と、「子丑寅卯……」の十二支をあわせて「干支《かんし》」と呼ぶ。干支は、三千数百年前の甲骨文字の時代から使われてきた。その語源は不明だが、「干」は肝《かん》（体の内臓の中心）や幹《かん》（木の中心部）と、「支」は肢《し》（体から外に伸びた手足）や枝《し》と関係があるらしい。十二支の由来も不明だが、植物の生育過程と結びつける説もある。子は種子、丑は紐《ひも》状の小さな芽、寅《いん》は引《いん》に通じ長く伸びた茎、卯《ぼう》は茂《ぼう》に通じ生い茂った葉……といった具合だ。十二支のそれぞれに動物を割りふる風習の由来も謎だ。ただ、十二支の最初の「子」という漢字は、種子とか子どもとか、小粒で成長力旺盛というイメージがある。それに繁殖力旺盛な小動物をあてるのは、不自然ではない。

　こんな説話もある。昔、神様（中国では天帝、日本では釈尊とされることが多い）が十二支の順番を決めるため、元日に動物たちを招いた。ウシは、自分の足の遅さを自覚していたので早く出発し、一番乗りした。が、会見の直前、ウシの背に隠れていたネズミが前に飛び出し、一着になった。ネコは、ネズミからうその日付を伝えられて間に合わず、十二支に入れなかった。ネコは今もその恨みを忘れず、ネズミを追いかけまわしている。有名な起源説話だが、学問的な根拠はない。

　中国語ではネズミを「老鼠」とか「耗子」と呼ぶ。

「老鼠」の「老」は、「老虎」（トラ）や「老鷹」（トンビ）と同じで、二音節に引き伸ばして耳で聞き取りやすくするための接頭語だ。なぜネズミに、猛獣や猛禽《もうきん》類と同様の「老」を冠するのか。「老」という接頭語には、親近感とか畏敬の念とか、単語ごとにさまざまな語感がこめられているが、「老鼠」の場合はどれか。中国人のあいだでも説が分かれている。

「耗子」は「減損する（させる）」意の「耗」に、名詞化の接尾語「子」をつけた名称である。昔、張率《ちょうそつ》（四七五－五二七）という文人政治家がいた。あるとき、家の召使《めしつかい》に命じ、三千石の米を実家まで送らせた。古代中国の単位「石《せき》」は日本の「石《こく》」とかさが違うが、大量の米だ。が、実家に届いた米は、半分以下に目減りしていた。張率が問うと、召使は「雀鼠耗《じゃくそこう》です」と答えた。スズメやネズミに食われて目減りした、という意味だ。実際は、運搬業者や途中の役人、召使自身がちょろまかした可能性が高い。だが、張率は笑って「壮《そう》なる哉《かな》、雀鼠」と言っただけで、追及しなかった。以来「雀鼠耗」という熟語が生まれた。

「大象逮老鼠——有勁使不上」(ゾウがネズミを捕まえようとする——力があるのにうまく使えない)という歇後語もある。ゾウの牙や鼻は強力だが、地上を俊敏に動き回るネズミを捕まえることはできない。人間の社会も同じ。強大な権力や組織は小回りが苦手で、しばしば「ネズミ」のような小物を相手に苦戦する。

「ネズミの婿《むこ》とり」の説話も示唆的だ。昔、あるネズミが、自分の娘を最強の人物に嫁《とつ》がせようと思った。太陽に縁談を申し込むと「雲は私を隠す。雲のほうが強い」と言われた。雲に申し込むと「風は私を吹き飛ばす」。風は「私でも壁は吹き飛ばせない」。壁は「私をかじって穴をあけるネズミには、かなわない」。結局、ネズミの娘は、ネズミと結婚した。この、最強を探し求めて転々とした結果、ぐるりと循環して自分に戻るという趣向の寓話《ぐうわ》は、世界各地に分布する。日本では十三世紀の『沙石集《しゃせきしゅう》』に収録されている。古代インドの説話集『パンチャタントラ』では、壁のかわりに山が出てくる。中国の明代の『応諧録《おうかいろく》』では、飼い猫に最強の名前をつけようとした人が、あれこれ候補を思案した結果「鼠猫《ねずみねこ》」という名前に行き着く、という笑い話に脚色されている。

竜やトラ、ゾウのような大物だけが強者ではない。人生や勉強においては、ネズミのようなしたたかさも、時には有用なのかもしれない。

# 十月蟋蟀ハ、入ル二我ガ床下ニ一

**訳**　**十月は蟋蟀《しっしゅつ》、我《わ》が床下《しょうか》に入《い》る。**

初冬の旧暦十月（新暦十一月ごろ）の情景を詠んだ詩句。コオロギは、まだ暑い旧暦七月（新暦八月ごろ）は野外で鳴くが、旧暦八月は軒下《のきした》で鳴き、涼しい旧暦九月は室内に侵入して鳴く。肌寒くなる旧暦十月は暖《だん》を求めて、私の寝床のすぐ下に入ってきて鳴く、という意味。出典は『詩経』豳風《ひんぷう》の「七月」という漢詩。

旧暦十月は初冬である。夏の緑色の昆虫は晩秋までに姿を消し、その後はカマドウマやコオロギなど、朽ち木のような色の虫の生き残りを、たまに家の中で見かけるだけになる。文部省唱歌の一つ『虫のこえ』の歌詞の二番は「きりきりきりきり、こおろぎや／がちゃがちゃがちゃがちゃ、くつわ虫／あとから馬おい、おいついて／ちょんちょんちょんちょん、すいっちょん／秋の夜長を、鳴き通す／ああおもしろい、虫のこえ」である。明治の末、この童謡が作られた当初は「きりきりきりきり、きりぎりす」だった。昭和になって現行の「こおろぎ」云々に改められた。

日本語はややこしい。古語の「きりぎりす」は今のコオロギを指す。今のキリギリスは古語では「機織《はたお》り」と言った。漢語「蟋蟀」の語源は、虫が羽を「シュッシュッ」とこすって鳴く擬声語だが、昔の日本人はコオロギもキリギリスも漠然と「蟋蟀」と書いた。さすがの文部省も混乱してしまったのだ。

「キリキリキリ…」と途切れなく地味に鳴くのは、南方からの外来種であるカマドコオロギ。「コロコロコロ…」と笛のような音色をかなでるのは、エンマコオロギ。「リイッ、リイッ、リイッ…」と警告ベルのように鳴くのは、ツヅレサセコオロギ。中国の唐代に始まり今も愛好者が多い「闘蟋蟀」(こおろぎ相撲《ずもう》)は、ツヅレサセコオロギどうしを戦わせる遊びだ。キリギリスは「チョン、ギイイイーッ…」と織機《しょっき》がきしむように鳴く。バッタやイナゴは長い後ろ足を激しくこすり「チキチキチキ…」と鳴く。カマドウマは、羽が無いので鳴かないし、コオロギとは別種だが、日本の俗称では「便所蟋蟀《べんじょこおろぎ》」とか「御竈蟋蟀《おかまこおろぎ》」、中国の俗称では「竈馬蟋蟀」と呼び、庶民目線ではコオロギもどきだ。

中国最古の詩集『詩経』には「蟋蟀」を詠んだ詩がいくつかある。今から三千年近く昔、辺境の「豳《ひん》」の地(現在の陝西省旬邑《じゅんゆう》県の一帯)の民謡「七月」の一節に、こうある。

五月斯螽動股　五月《ごがつ》は斯螽《ししゅう》　股《もも》を動《うご》かし
六月莎鶏振羽　六月《ろくがつ》は莎鶏《さけい》　羽《はね》を振《ふる》う
七月在野　七月《しちがつ》は野《や》に在《あ》り

八月在宇　八月《はちがつ》は宇《う》に在《あ》り
九月在戸　九月《くがつ》は戸《と》に在《あ》り
十月蟋蟀　十月《じゅうがつ》は蟋蟀《しっしゅつ》
入我床下　我《わ》が床下《しょうか》に入《い》る

大意は「五月のバッタは足を動かして鳴く。六月のキリギリスは羽をふるわせて鳴く。コオロギは、七月は野外で、八月は軒下で、九月は戸口で、十月は私の寝床の下で鳴き、だんだん近づいてくる」。古語「斯螽」と現代語「螽斯」の関係は？　詩中の「十月」は新暦の何月に当たるか？　学者の議論が分かれるところだが、大意はこんなところだろう。

昔、筆者の高校の国語の教科書に、梅崎春生《うめざきはるお》（一九一五－一九六五）の短編小説『猫の話』が載っていた。大通りに面した運送屋の二階に、貧しい若者と猫が住んでいた。となりの空き地から、蟋蟀《こおろぎ》が何匹も部屋に入ってくる。若者は昔、伯父《おじ》さんから習った、

蟋蟀在堂　蟋蟀《しっしゅつ》　堂《どう》に在《あ》り
歳聿其莫　歳《とし》　聿《ここ》に其《そ》れ莫《く》れん

という詩句を思い出す。若者は猫を「カロ」と名付け、カロも若者になついた。ある日、

若者が窓から大通りを見おろしていると、向こう側の横町からカロが出てきた。通りを横切ろうとした時、車が……以下は書かぬのがマナーであろう。

「蟋蟀在堂、歳聿其莫」は、「コオロギが表座敷にのぼってきた。今年ももう終わるだろう」という意味。出典は『詩経』唐風《とうふう》の詩「蟋蟀」。「歳聿其莫」は現代中国語でも「年の瀬が迫る」の意の四字熟語として使う。「莫」は、ここでは「暮」の「古字」。

暖を求めて家の中にのこのこ上がってくるコオロギは、ちょっとユーモラスで、わびしい。そう感じる私たち東洋人の感性は、三千年前の昔も今も、変わらない。

# 十二月的白菜——動（凍）了心

**訳　旧暦十二月の白菜——心が動く（芯まで凍る）。**

中国語で「凍了心」（芯まで凍った）と「動了心」（心が動いた）の発音が同じであることをふまえたしゃれ言葉。言葉の表面上の意味は「旧暦十二月（太陽暦の一月ごろ）の気温はとても寒い。冬の野菜である白菜も芯まで凍った」だが、実際には「心が動いた。関心を引かれ、その気になった」と述べたいときに、この言葉を使う。

野菜を温室で栽培したり海外から輸入したりできる今と違い、昔は冬に食べられる野菜の種類は少なかった。俳句では、白菜は冬の季語である。俳人の楠《くす》本《もと》憲《けん》吉《きち》（一九二一―一九八八）も、

洗《あら》はれて白菜の尻陽《ひ》に揃《そろ》う

と、昭和の日本の風物詩を詠んだ。冬の日の光のもと、白菜は、畑の泥を冷たい水で洗い流されてぴかぴかになり、白い根元の部分をそろえて積み上げられる。これらの白菜は、油

揚げといっしょに熱い味噌汁の具になったり、お新香になったりして、春まで日本の食卓を支えるのだ。

日本人におなじみの白菜は、意外にも、二十世紀になってから日本で普及した中国野菜である。江戸時代や明治時代の日本人は、一部の例外を除き、白菜の味を知らなかった。

白菜の原産地はよくわからない。中国人は石器時代の昔から白菜を食べてきたという説もあれば、白菜はシルクロードを通って中国に伝わってきた外来の野菜だという説もある。いずれにせよ、中国人は少なくとも千数百年以上、白菜を食べてきた。一口に「白菜」と言っても、実はいろいろ種類がある。大別すると「小白菜」と「大白菜」に分かれる。小白菜は、現在の山東菜のように実が「結球」せず葉が平たく伸びた小ぶりのタイプ。大白菜は、キャベツや玉レタスと同様の「結球野菜」で、葉がしわしわで重なりあっているもの。日本の「白菜」は、大白菜の系統である。

昔の中国、特に北方では、冬は青物が不足がちだった。白菜は値段が安く、味もよく、栄養もあり、庶民の味方である。昔から、白菜にまつわる中国語の成語は多い。例えば、

白菜可做百様菜（白菜で百種類の料理を作ることができる）
白菜是個宝、賽過霊芝草（白菜は栄養があり、漢方薬の霊芝《れいし》にもまさる宝物だ）
立冬白菜賽羊肉（立冬に食べる白菜は、味も栄養も羊肉にまさる）等々。

筆者は一九九〇年に北京大学に留学した。当時の中国は貧しく、冬場に店頭に並ぶ野菜の種類は今より少なかった。毎年の「冬儲大白菜」（冬に白菜をたくわえる）は北京の風物詩だった。郊外の農村からトラック部隊が大量の白菜を北京市内に搬入する。その様子がテレビのニュースで流れる。各家庭では、春まで野菜を食いつなげるよう、核家族でも数十キログラム、大家族なら数百キログラムも白菜をまとめて買い込む。台所に置ききれないので、ベランダや窓、家の前の路上にも白菜を山と積み上げる。北京の冬は寒い。外に置いた白菜は芯までカチンカチンに凍る。こういうわけで、今回取り上げた歇後語が、庶民のあいだで生まれた。

白菜は、芯まで凍ると味が落ちる。また、山のように積み上げると、下の白菜は重みでつぶれてまずくなる。本当は、適度な温度の室内で、白菜を横に並べて保存するのが理想的だ。が、庶民の狭い家ではそうは行かない。結局、春先になって温かくなると、ベランダや路上で、食べ残しのつぶれた白菜が腐りはじめる。北京の町中が「酸菜」（すっぱいお新香）のような異香で満ちる。留学生だった私は、なるほど、古代中国の儒教の経典『礼記』に「孟春の月…其《そ》の味わいは酸、其の臭いは羶《なまぐさ》し」云々とあるのは、こういうことか、と妙なところで中国三千年の歴史を体感した。

その後、中国は豊かになった。北京のスーパーには、真冬でも青々とした各種の野菜が豊富に並ぶようになった。冬を越すために白菜の山を積み上げたのは、もはや昔話である。

思えば、昭和も遠くなった。昭和初期に普及した白菜は、日本に定着して久しい。白菜を中国野菜だと思う日本人は、もういない。自分が年を取るのは寂しいが、時代というのは、こういうふうに前進してゆくものなのだろう。

# 丙吉問フレ牛ヲ

訳

**「丙吉《へいきつ》、牛《うし》を問《と》う」。前漢の丞相《じょうしょう》・丙吉は、道であえいでいる牛を見かけ、持ち主にその詳細を尋ねた。**

漢の丞相（現在の首相に相当）だった丙吉は、一見すると変人だった。彼は街の路上の傷害事件を見かけても無関心で通り過ぎたが、牛が舌を出してゼイゼイとあえいでいるのを見ると、わざわざ持ち主に経緯の子細を尋ねた。人の上に立つトップは、独自の鋭い視点で、気象や経済の変動など大局的な問題を考えるものだ、という寓話《ぐうわ》。

旧暦十二月は別名「建丑月《けんちゅうげつ》」で丑の月にあたる。今回はウシを取り上げる。

「牛馬のように働く」ことを、中国語では「做牛做馬」と言う。ウシはウマと並び、古来、農耕や運搬などの重労働に使われてきた。ウシは、ウマほど速く走れない。その代わり、草などの「粗飼料《そしりょう》」だけでも育つ。ウシの「反芻胃《はんすうい》」は、草食動物の進化が生み出した傑作だ。四つの胃からなる複雑な構造の反芻胃の中には微生物が住んでいて、食べた草の繊維質を効率よく分解する。ウシは、それをもう一度口に戻して噛《か》みなおす。一般に、草食動物の消化器官は、大きいほど消化効率がよい。ウシの反芻胃の大きさはドラム缶ほどもある。そのせいで、ウシの体形はずんぐりしている。いわゆる「牛の歩み」のように、着実で力強いものの、ゆっくりとした歩き方になる。だが、ウシを鈍足な家畜と侮ると、手痛い目にあう。
紀元前三世紀、戦国時代の斉《せい》の国に、田単《でんたん》という将軍がいた。斉は、隣国の燕《えん》に攻め込まれ、滅亡寸前になった。わずかな残存兵力とともに撤退した田単は、ウシを千頭かきあつめた。それぞれのウシの角に刃物を、ウシのしっぽに松明《たいまつ》をくくりつけた。火で尻を焼かれたウシの群れは暴走し、燕の軍に突入。燕軍は総崩れとなった。田単は燕軍を大いに破り、斉の国を回復した。歴史書が史実として伝える「火牛陣《かぎゅうじん》」の戦術は、実際に戦場で再現するのは難しいとも言われるが、ともあれ、ふだんはおとなしいウシも、怒って暴走すると手が付けられなくなるのは事実である。

　さて、昔の中国で「宰相」とは君主を補佐するトップの大臣を指すが、その呼称は、時代ごとに変遷してきた。丞相、尚書、内閣大学士、軍機大臣、等々。日本でも、内閣総理大臣を「宰相」と時代がかった言葉で呼ぶことがある。「首相」は「トップの大臣」の意だが、「宰相」は「大臣たちのなかの主宰者」という意味で、ニュアンスが違う。

　前漢の末の丙吉（?～前五五）は、若いころは牢獄の役人という低い職だったが、最後は丞相にまで出世した政治家である。役人として実務のスキルを積み上げた彼は、庶民生活の実情にも詳しく、総合職・専門職・一般職の役割の違いについてもよく認識していた。丞相となったあとは、国政のジェネラリストとして、個別の事例や政務は他の大臣や役人に任せ、大局的な問題の処理や有能な人材の登用に専念した。一見すると丙吉の政務は大ざっぱで、勤務の量も少なかったが、勘所はちゃんとおさえていた。

ある春の日、丙吉は部下の一行を連れて外出した。首都の目抜き通りで、喧嘩《けんか》騒ぎがあり、死傷者が道路に横たわっていた。丙吉はそのまま通り過ぎた。次に、ウシを連れている通行人を見かけた。ウシは舌を出し、ゼイゼイとあえいでいる。丙吉は馬車を止め、ウシの持ち主に「どれくらいの距離を歩いてきたのか」と質問した。部下の役人は内心「人間よりウシが大事なのか」とあきれた。丙吉は部下に言った。「庶民の傷害事件の処理は、首都の治安担当部署の管轄だ。丞相の仕事は、彼らの勤務を評価することだ。事件現場の捜査ではない。一方、今はまだ春でそんなに暑くないはずなのに、あのウシはあえいでいた。異常気象や環境破壊の兆候かもしれない。私の仕事は、天地の陰陽の気を調和するという大局的なものだ。だから質問したのだ」。部下は「さすがは」と敬服した。

この逸話を現代に置き換えると、どうなるだろうか。大都会の目抜き通り。疲れきって青ざめた顔の会社員が、信号待ちで立っている。突然、護衛付きの黒塗りの高級車が止まり、窓がスーッとあき、中から政治家が「君はまだ若いのに、どれくらい残業してきたのか」と質問する……というのは筆者の一瞬の妄想にすぎないが、ともあれ、おとなしく働くウシのような家畜も、怒りに火がついて「火牛陣」的な暴走状態になったら怖いのだ、ということは、お忘れなく。

# 与《よ》リハ三其ノ媚ビン二於奥ニ一、寧ロ媚ビヨ二於竈ニ一

**訳**

**奥でまつられる神様のご機嫌を取るより、かまどの神のご機嫌を取れ。**

『論語』に載せる古代のことわざ。訓読すると「其《そ》の奥《おう》に媚《こ》びんよりは、寧《むし》ろ竈《そう》に媚《こ》びよ」となる（「奥」と「竈」で韻を踏む）。奥《おく》の間《ま》で祭りあげられている神様より、土間《どま》のかまどの神のほうが身近で、ご利益《りやく》が期待できる、という意味。名目上のトップより、実権を握る部下に媚《こび》を売ったほうがよい、とほのめかす時に使う。

二十世紀半ばすぎまで、東洋の家庭の台所には「かまど」があった。日本でも中国でも、昔は旧暦十二月二十四日ないし二十三日には「竈神《かまどがみ》」の「竈祭《かままつり》」を行い、年越しの準備を始めた。かまどは不思議な空間だ。家のすみの、暗くしめった土間にある。かまどの炎の光は、家の中の闇と邪気を駆逐してくれる。その反面、火事の原因にもなる。昔の東洋の民間信仰では、かまどの神は年末に煙とともに天にのぼり、その家の人々がどんな良いことや悪いことをしたか、天に報告する、と信じられた。そこで年末には竈祭をする。煙ですすけたかまどを掃除し、竈神のお札をはり、酒や菓子を供え、香を焚《た》き、竈神に感謝し、天の神様への取り成しをお願いするのである。

西洋のサンタクロースは暖炉の煙突を通って天から降りてくるし、「人にはどれほどの土地がいるか」（岩波文庫『トルストイ民話集 イワンのばか 他八篇』所収）の悪魔は暖炉の火の裏側から人間の会話に聞き耳を立てる。西洋の暖炉も、東洋のかまども、日常と異界をつなぐ出入り口だった。

竈祭の歴史は古い。唐の羅隠《らいん》（八三三？－九〇九）も《送竈君》（「竈君《そうくん》を送る」竈神が天にのぼるのを見送る、の意）という七言絶句を詠んでいる。

《送竈君》
一炷清香一縷煙　一炷《いっしゅ》の清香《せいこう》　一縷《いちる》の煙《けむり》
竈君今日上青天　竈君《そうくん》　今日《こんにち》　青天《せいてん》に上《のぼ》る
玉皇若問人間事　玉皇《ぎょくこう》　若《も》し人間《じんかん》の事《こと》を問《と》わば
乱世文章不値銭　乱世《らんせ》の文章《ぶんしょう》　銭《せん》に値《あたい》せず

ひとくゆりの清らかな香、ひとすじの細い煙。かまどの神様は今日、わが家の一年の報告をするため、天にのぼる。かまどの神様にお願いします。天の偉い神様からもし人間界の状況をたずねられたら、「乱世が続いて、学問や教養は全然お金になりません」とお伝えください。

羅隠が生きた時代は唐滅亡（九〇七）前後の混乱期で、生きにくい世の中だった。もっとも、この漢詩の作者は羅隠ではなく北宋の宰相・呂蒙正《りょもうせい》（九四四－一〇一一）という説もある。またこの漢詩の字句も版本によって異同が大きい。

竈神の信仰は、今から二千五百年前の孔子の時代には、すでにあった。

孔子が生きた春秋時代は「下剋上」の乱世だった。君主は実権を臣下に奪われ、政治は混乱し、民は苦しんだ。孔子は、人々が「仁」の思いやりの心を取り戻し、社会に「礼」が行き渡れば、平和な世の中になる、という理想をもっていた。『論語』八佾《はちいつ》第三によると、衛《えい》の国の家老であった王孫賈《おうそんか》は、孔子にこう質問した。

「奥の間でまつられる高い位の神様に媚びるより、土間の竈神に媚びよ、ということわざがあります。これは、どういう意味でしょうかね」

奥の神は「お飾り」にすぎない君主の隠喩。竈神は実権を握る臣下の隠喩。王孫賈は「あなたは大義名分とか形式にこだわりすぎる。実権を失った君主より、実力者である臣下に取り入ったほうがいいですよ」とほのめかしたのである。孔子は答えた。

「そのことわざは間違っています。もし天まで聞こえるような罪を犯したら、竈神に祈ったところで、自分の罪は消せませんよ」

現代の会社でも、実力者の顔色ばかりうかがうヒラメ上司がいる。左遷やリストラを恐れ、群れの中から飛び出さないイワシ社員もいる。ヒラメやイワシばかりでは、会社も国もつぶれる。会社にとっては顧客が、国にとっては世論が、天の神様だ。仁の優しい心をもち、礼の美意識で行動し、天まで届く罪を犯さないことが大事だ。

筆者の勤務先は大学だが、今時の大学にとって天の神様は学生だ。というわけで、私も毎回の授業後、学生さんを対象にアンケートをせっせと取り、授業中に失言や誤り、理解不能なことを言っていなかったどうか、チェックしていただいております。

# あとがき

日本人にとって、本のなかの昔の「悠久の中国」は外国という感じがしません。孔子や諸葛孔明、杜甫、楊貴妃なども、外国人っぽくない。漢文も、国語の授業で訓読して習います。

一方、ニュースで見る現代の「激動の中国」に戸惑いを感じる日本人は多い。中国語も、日本人にとっては義務教育で習う英語より縁遠い外国語です。

漢文的な優雅でわかりやすい中国と、同時代のリアルで難解な中国。このイメージの差違は日本人を悩ませてきました。二十世紀の歴史作家・司馬遼太郎は、ペンネームを古代中国の歴史家・司馬遷にちなんだほどの中国通でしたが、「漢文世界に棲んでいるひとびとといまの中国人とは系譜として別個のものだというイメージをどこかで持ちつづけた」と告白しています（司馬遼太郎『長安から北京へ』）。

逆もまた真なり。中国人も、アニメに出てくる日本人と、リアルな日本人の違いに当惑することがあります。

中国人の留学生に来日の動機を聞くと、子供のころ日本のアニメに夢中になったのがきっかけ、と答える人が多い。ネコ型ロボットと同居する冴《さ》えない小学生とか、人前でパンツを脱ぐ型破りな幼稚園児、犯罪事件を頭脳で解決する少年探偵、心と体が互いに入れ替わった男女の高校生など、アニメに出てくる日本人は、みな外国人とは思えない、と彼らは親近感を語ります。そんな彼らも、あこがれの日本に来ると、頭ではわかっていたものの、アニメと現実の温度差に驚きます。リアルな日本社会は治安がよい。日本人はまじめでおとなしい人が多く、アニメの中のようなお色気シーンや暴力沙汰は現実の日常生活ではあまり見かけない。

しかし、そんなギャップに戸惑うのも、最初だけ。日本で日本人といっしょに暮らし、喜怒哀楽の体験を積むうちに、自然とわかってくることがある。アニメの中であれ、リアルな現実であれ、根底に流れている日本人の物の考えかたや心は、それほど違わない。数ヶ月も日本で暮らすと、理屈ではなく、生活感覚でそう納得できるようになるのだそうです。

日本人の中国理解も同様です。前述の司馬遼太郎も、「文化大革命」で揺れ動く中国を旅行し、多くの中国人とふれあうことで、今も昔も中国文明は連続しているという実感を深めました。「馬には乗ってみよ、人には添うてみよ」とことわざに言うとおりですね。

漢文と中国語は別物ですが、連続しています。古人と現代人は別世界に棲《す》んでいますが、同じ人間です。世界をつなぐのは心であり、心を伝えるのは言葉です。

本書では、漢文的中国とリアルな中国のイメージのギャップを埋めるため、工夫を試みました。従来の漢文の名言集と違い、本書では、中国語や、中国語と漢文の中間の言葉も同列のものとして並べました。中国語は簡体字の横書きが普通ですが、本書ではあえて日本の常用漢字による縦書きとし、漢文のイメージに近づけてみました。この試みが成功したかどうかは、読者のご判断を仰ぐしかありません。

末筆ながら、拙文をお読みくださった読者の皆様に感謝申し上げます。本書はＮＨＫ『テレビで中国語』のテキストでの連載がもとになっています。今までの連載でお世話になった担当編集者、特に、現在の担当で本書の企画から完成までお世話になった渡辺理恵氏に御礼を申し上げます。

令和三年一月吉日

加藤　徹

本書は、ＮＨＫテキスト『テレビで中国語』の連載「ことわざから始める　なるほど！〝漢語ワールド〟」（２０１５年～２０１７年）、「名言でたどる　中国人の胸のうち」（２０１９年～２０２０年）の内容を加筆・修正のうえ、収載しました。

［著者紹介］ 加藤 徹（かとう・とおる）

明治大学教授。1963年東京都生まれ。東京大学文学部、同大学院で中国文学を専攻。著書に『貝と羊の中国人』（新潮新書）、『漢文力』（中公文庫）、『京劇「政治の国」の俳優群像』（中公叢書・サントリー学芸賞）、『本当は危ない「論語」』（NHK出版新書）、近著に『日中戦後外交秘史』（新潮新書・共著）他多数。

# 漢文で知る中国　名言が教える人生の知恵

2021年1月25日　第1刷発行

著　者　加藤徹

発行者　森永公紀

発行所　NHK出版
〒150-8081　東京都渋谷区宇田川町41-1
電話　0570-009-321（問い合わせ）
　　　0570-000-321（注文）
ホームページ　https://www.nhk-book.co.jp
振替　00110-1-49701

印刷・製本　共同印刷



Printed in Japan
ISBN978-4-14-081850-3 C0098